CONTENTS

L'IA RÉVÉLÉE

Histoire, Applications et Avenir de l'Intelligence Artificielle

kouadio konan joel

Cover design by: Art Painter
Library of Congress Control Number: 2018675309
Printed in the United States of America

L'IA Révélée

Histoire, Applications et Avenir de l'Intelligence Artificielle"

PRÉFACE

L'intelligence artificielle est sans doute l'une des révolutions technologiques les plus fascinantes et les plus impactantes de notre époque. Elle transforme nos vies, nos entreprises, nos sociétés et même notre façon de penser l'avenir. De la simple automatisation de tâches à la création de systèmes capables d'apprendre et de raisonner, l'IA soulève des questions fondamentales : jusqu'où peut-elle aller ? Comment pouvons-nous en tirer parti tout en préservant notre humanité ? Quels sont les enjeux éthiques et philosophiques de cette transformation ?

Ce livre a pour ambition d'explorer l'intelligence artificielle sous toutes ses facettes : ses origines, son évolution, son impact sur la société et ses implications pour l'avenir. Il ne s'agit pas seulement d'une étude technique, mais d'une réflexion globale sur la manière dont l'IA redéfinit notre monde.

En retraçant son histoire, nous comprendrons comment l'idée d'une machine intelligente est passée du mythe à la réalité. Nous verrons comment les pionniers de l'informatique ont posé les bases de cette révolution et comment, aujourd'hui, les avancées en apprentissage automatique, en robotique et en neurotechnologies repoussent sans cesse les limites du possible.

Mais l'IA ne se limite pas à ses prouesses scientifiques.

Elle pose aussi des défis majeurs en matière de gouvernance, d'éthique et de coexistence avec l'humanité. Doit-on la craindre ou l'embrasser ? Sera-t-elle notre alliée ou une menace pour notre autonomie ?

À travers cet ouvrage, je vous invite à un voyage au cœur de cette transformation inédite, en analysant les enjeux technologiques, économiques et sociétaux qui façonneront notre avenir. Plus qu'un simple exposé, ce livre se veut une invitation à la réflexion et au débat. Car si l'intelligence artificielle redéfinit notre monde, c'est à nous, humains, d'en fixer les règles et d'en guider l'évolution vers un futur harmonieux et équilibré.

Bonne lecture !

INTRODUCTION

L'intelligence artificielle (IA) n'est plus un concept futuriste réservé aux laboratoires de recherche et aux films de science-fiction. Elle est aujourd'hui une réalité omniprésente, intégrée dans nos vies de manière parfois invisible. Pourtant, malgré son importance croissante, une grande partie de la population ne comprend pas encore pleinement son impact, ses opportunités et ses défis.

Ce livre a été écrit pour vous aider à naviguer dans cette révolution technologique et à en tirer parti. Que vous soyez entrepreneur, salarié, étudiant ou simplement curieux, comprendre l'IA est devenu essentiel pour s'adapter au monde de demain. Plus qu'un simple phénomène de mode, l'IA est une **force de transformation majeure** qui façonne déjà les entreprises, la société et notre quotidien.

L'objectif de cet ouvrage est double :

1. **Démystifier l'intelligence artificielle** : expliquer son fonctionnement de manière simple et accessible.

2. **Montrer comment utiliser l'IA à votre avantage** : que ce soit pour **booster votre productivité**, **créer une entreprise**, **optimiser vos investissements** ou **anticiper les mutations du**

marché du travail.

Nous sommes à l'aube d'une nouvelle ère, et ceux qui comprendront et maîtriseront l'IA auront une longueur d'avance. Ce livre est conçu pour vous donner les clés de cette révolution.

L'ia : Une Révolution Aussi Importante Qu'internet

Si nous devions comparer l'essor de l'intelligence artificielle à une autre révolution technologique, ce serait sans hésitation à **l'avènement d'Internet**. Dans les années 1990, beaucoup pensaient qu'Internet était un gadget réservé aux passionnés de technologie. Aujourd'hui, il est impossible d'imaginer un monde sans Internet. L'IA suit le même chemin, mais à une **vitesse encore plus rapide**.

Voici pourquoi l'IA est une révolution aussi impactante que le web :

- **Elle est omniprésente** : tout comme Internet a transformé tous les secteurs (commerce, éducation, santé, communication), l'IA est en train de s'intégrer dans **toutes les industries**.
- **Elle automatise des tâches complexes** : là où Internet a démocratisé l'accès à l'information, l'IA **automatise et optimise** des processus autrefois réservés aux humains.
- **Elle accélère l'innovation** : des **voitures autonomes** à la **médecine de précision**, l'IA

permet des avancées spectaculaires qui auraient pris des décennies avec les méthodes traditionnelles.

Nous sommes en train de vivre un **moment clé de l'histoire** : celui où l'IA devient une technologie de masse. Comme pour Internet, ceux qui sauront s'adapter en tireront **des bénéfices immenses**, tandis que ceux qui l'ignorent risquent de prendre du retard.

Comment L'ia Impacte Déjà Votre Quotidien Sans Que Vous Le Sachiez

L'IA est souvent perçue comme une technologie lointaine, réservée aux grandes entreprises et aux chercheurs. Pourtant, elle est déjà **partout autour de vous**, et vous l'utilisez probablement sans vous en rendre compte.

Voici quelques exemples concrets de l'IA dans votre vie quotidienne :

1. Votre smartphone est rempli d'IA

- **Les assistants vocaux** (Siri, Google Assistant, Alexa) utilisent l'IA pour comprendre et répondre à vos demandes.
- **Les recommandations personnalisées** sur YouTube, Netflix et Spotify sont générées par des algorithmes d'IA qui analysent vos préférences.
- **Les caméras des smartphones** utilisent l'IA pour améliorer la qualité des photos, détecter

les visages et optimiser l'éclairage.

2. L'IA influence vos achats et vos décisions

- Lorsque vous faites du shopping en ligne, l'IA analyse vos comportements pour vous proposer des produits adaptés.
- **Amazon, Facebook, Google** et autres plateformes utilisent des algorithmes pour vous suggérer des publicités sur mesure.
- Les comparateurs de prix et les assistants d'achat en ligne utilisent l'IA pour trouver les meilleures offres en fonction de vos besoins.

3. L'IA facilite vos tâches quotidiennes

- **Les applications de traduction** comme Google Translate utilisent l'IA pour fournir des traductions instantanées.
- **Les logiciels de correction automatique** (Grammarly, Antidote) analysent et améliorent vos textes grâce à l'intelligence artificielle.
- **Les banques et les assurances** utilisent l'IA pour analyser votre comportement et détecter les fraudes.

4. L'IA dans le domaine de la santé

- Des IA comme **ChatGPT et MedPaLM** aident les médecins à poser des diagnostics en analysant des millions de cas médicaux.
- **Les montres connectées** (Apple Watch, Fitbit) utilisent l'IA pour surveiller votre santé et détecter des anomalies comme les troubles

cardiaques.

5. L'IA dans le monde du travail

- Les entreprises automatisent **le recrutement** avec des IA qui analysent les CV et pré-sélectionnent les candidats.

- **Les outils de productivité** (Notion AI, ChatGPT, Midjourney) aident les travailleurs à générer du contenu et à organiser leurs tâches plus efficacement.

- **L'IA aide les créateurs de contenu** (écriture, musique, graphisme, vidéo) à produire du matériel de qualité en un temps record.

L'intelligence artificielle est **déjà partout** et son influence ne fera que croître. Pourtant, beaucoup sous-estiment encore son impact ou ne savent pas comment en tirer parti.

Ce livre vous guidera à travers les **fondements, les opportunités et les défis** de l'IA. Vous découvrirez comment **exploiter cette révolution** pour améliorer votre vie personnelle, booster votre productivité et **transformer votre business**.

Si l'Internet a créé des géants comme Amazon, Facebook et Google, l'IA est en train de façonner **les leaders de demain. Voulez-vous en faire partie ?**

La réponse est entre vos mains. **Commençons maintenant !**

PARTIE 1 : COMPRENDRE L'IA – HISTOIRE ET FONDEMENTS

(Une introduction aux bases de l'intelligence artificielle, de son histoire à son fonctionnement technique.)

CHAPITRE 1 : LES ORIGINES DE L'INTELLIGENCE ARTIFICIELLE

L'intelligence artificielle (IA) est aujourd'hui une réalité qui façonne notre quotidien, mais son concept remonte à plusieurs siècles. Depuis les mythes antiques jusqu'aux découvertes scientifiques modernes, l'idée de créer des entités artificielles capables de penser et d'agir de manière autonome a toujours fasciné l'humanité. Ce chapitre pose les fondations de l'étude de l'intelligence artificielle en retraçant ses origines, depuis les premières idées et mythes jusqu'aux pionniers qui ont transformé des concepts abstraits en disciplines scientifiques. Il permet ainsi de comprendre comment la notion d'« intelligence » a évolué, et comment l'imaginaire collectif a préparé le terrain pour les avancées technologiques d'aujourd'hui.

1.1 : Les racines de l'IA

L'idée d'une intelligence non humaine n'est pas nouvelle. Elle remonte à l'Antiquité et s'exprime dans les mythes, la philosophie et les premiers systèmes mécaniques. Ce sous-chapitre explore les origines conceptuelles de l'IA, depuis les récits légendaires jusqu'aux premières bases mathématiques et cybernétiques qui ont préparé le terrain pour les avancées modernes.

1.1.1 : L'ia Dans La Mythologie Et La Fiction

Bien avant que l'intelligence artificielle ne devienne une réalité scientifique, l'humanité s'est interrogée sur la possibilité de créer des entités autonomes. Ces idées ont été exprimées dans la mythologie, la littérature et la culture populaire, posant les premières bases philosophiques et éthiques de la question.

Mythes et automates légendaires

Dans les récits antiques, des créatures artificielles dotées d'intelligence et de volonté propre apparaissent comme des projections des ambitions et des peurs humaines. Parmi les exemples notables :

- **Talos**, le géant de bronze de la mythologie grecque, créé par Héphaïstos, qui patrouillait l'île de Crète pour la protéger.
- **Les automates d'Héphaïstos**, le dieu forgeron, qui créait des machines capables d'exécuter des tâches complexes, préfigurant l'idée d'assistants mécaniques.
- **Les serviteurs mécaniques des légendes chinoises**, décrits comme des humanoïdes capables de répondre aux ordres de leur créateur.

Ces récits montrent une fascination ancienne pour les êtres artificiels et leurs implications philosophiques.

Le Golem et autres figures folkloriques

Dans le folklore juif, le **Golem** est une créature façonnée dans l'argile et animée par des formules mystiques. Il représente à la fois l'ambition humaine de créer la vie et les dangers potentiels de cette création lorsqu'elle devient incontrôlable. Cette thématique sera reprise dans de nombreuses œuvres ultérieures, posant la question du contrôle et de l'éthique dans la création d'entités artificielles.

Fictions précurseurs

La littérature a joué un rôle fondamental dans l'exploration des thèmes de l'intelligence artificielle :

- **Le mythe de Pygmalion**, où un sculpteur tombe amoureux de sa propre création animée par la déesse Aphrodite.
- **Frankenstein de Mary Shelley (1818)**, qui raconte l'histoire d'un être créé par la science et livré à lui-même, illustrant les risques de l'innovation technologique incontrôlée.
- **Les premiers récits de science-fiction**, comme "R.U.R." de Karel Čapek (1920), introduisent le concept de robots conscients et des révoltes contre leurs créateurs.

Ces histoires posent des bases morales et philosophiques sur l'intelligence artificielle bien avant son développement scientifique.

1.1.2 : Les Premières Idées Mathématiques Et Logiques

Le passage du mythe à la réalité scientifique s'est opéré

progressivement avec les avancées en mathématiques et en logique, permettant de formaliser la pensée humaine sous forme de règles précises.

Les fondements de la logique formelle

L'une des premières étapes vers l'IA fut le développement de la **logique formelle**, qui permet d'exprimer la pensée sous forme de symboles et de règles :

- **Aristote et la logique syllogistique** : Il établit un système de raisonnement basé sur des prémisses et des conclusions logiques.

- **George Boole et l'algèbre binaire (XIXe siècle)** : Il formalise la logique en un système mathématique basé sur le vrai et le faux, qui deviendra la base de l'informatique moderne.

Ces découvertes montrent que la pensée peut être représentée et manipulée à l'aide de symboles et de formules, une idée centrale pour l'IA.

Les prémices de l'algorithmique

L'algorithmique, ou l'art de décomposer un problème en étapes logiques pour le résoudre, est un pilier fondamental de l'IA.

- **Leibniz et le calcul binaire** : Il imagine que la pensée humaine pourrait être réduite à des calculs logiques manipulables par des machines.

- **Charles Babbage et Ada Lovelace (XIXe siècle)** : Ils conçoivent les premières machines programmables capables de traiter des instructions mathématiques.

L'idée que la pensée et la prise de décision puissent être automatisées prend alors forme.

L'influence des automates

Les premières tentatives de mécanisation de la pensée s'observent aussi dans les **automates mécaniques** du XVIIIe siècle, comme ceux de **Jacques de Vaucanson** ou de **Wolfgang von Kempelen**, qui créent des machines imitant certaines fonctions cognitives humaines, comme le jeu d'échecs ou la parole.

Ces avancées préfigurent les machines capables d'exécuter des tâches cognitives complexes.

1.1.3 : Les Fondations De La Cybernétique

L'IA moderne trouve ses racines dans la **cybernétique**, une discipline qui explore les mécanismes de contrôle et de communication dans les machines et les organismes vivants.

Naissance de la cybernétique

Dans les années 1940, **Norbert Wiener** développe la cybernétique en étudiant la manière dont les systèmes peuvent s'adapter et apprendre à partir de leur environnement grâce à des **boucles de rétroaction** (feedback).

Ses recherches montrent que des machines peuvent être **capables de s'ajuster automatiquement** pour atteindre un objectif, un concept essentiel pour les futurs algorithmes d'apprentissage automatique.

Applications initiales

Les premières applications de la cybernétique concernent :

- **Les systèmes de guidage des missiles** pendant la Seconde Guerre mondiale.

- **Les premiers modèles de neurones artificiels** avec McCulloch et Pitts, qui montrent comment des équations mathématiques peuvent reproduire des fonctions cérébrales simples.

- **Les systèmes de reconnaissance automatique**, qui utilisent le feedback pour améliorer leur précision.

Ces avancées ouvrent la voie aux premiers modèles d'IA, fondés sur l'idée d'apprentissage et d'adaptation.

Impact sur la perception de l'IA

La cybernétique change radicalement la vision de l'intelligence en montrant qu'elle peut être simulée par des machines capables de s'autoréguler et d'apprendre. Cette approche influence directement le développement des premiers programmes informatiques capables de **raisonner, apprendre et prendre des décisions**.

1.2 : Les pionniers de l'IA

L'intelligence artificielle, telle que nous la connaissons aujourd'hui, est le fruit des idées et des recherches de brillants esprits ayant repoussé les limites de la science et des mathématiques. Ces pionniers ont jeté les bases de cette discipline en concevant les premiers modèles théoriques et en développant des technologies qui ont façonné l'évolution de l'IA.

1.2.1 : Alan Turing Et Le Test De Turing

La vie et l'œuvre de Turing

Alan Turing, mathématicien britannique de génie, est considéré comme l'un des pères fondateurs de l'informatique moderne. Né en 1912, il a joué un rôle crucial dans la cryptanalyse des codes allemands durant la Seconde Guerre mondiale, notamment avec la machine Enigma, ce qui a grandement contribué à la victoire des Alliés. Cependant, au-delà de ses contributions en cryptographie, Turing a posé les bases théoriques de l'intelligence artificielle en explorant la question fondamentale : une machine peut-elle penser ?

Dans son article de 1950 intitulé *Computing Machinery and Intelligence*, Turing introduit un concept révolutionnaire visant à évaluer l'intelligence d'une machine. Ce travail précurseur a ouvert la voie à des décennies de recherches en IA et en informatique.

Le concept du test de Turing

Le test de Turing est une expérience de pensée visant à déterminer si une machine est capable de simuler l'intelligence humaine. L'expérience consiste à mettre un humain en conversation écrite avec un autre humain et une machine, sans qu'il sache lequel est lequel. Si l'interrogateur ne parvient pas à distinguer la machine de l'humain après un certain nombre d'échanges, alors on peut considérer que la machine possède une forme d'intelligence.

Ce test, bien que critiqué pour ses limites (notamment sur la définition de l'intelligence et de la compréhension réelle), reste une référence majeure dans le débat sur la nature de l'IA. Il a notamment inspiré de nombreux chercheurs et scénarios de science-fiction sur les machines pensantes et l'avenir de l'IA.

L'héritage de Turing dans l'IA

Les travaux de Turing ont influencé de nombreux domaines, de la logique computationnelle à la théorie des algorithmes. Son idée selon laquelle une machine pourrait imiter la cognition humaine continue d'alimenter les débats sur l'intelligence artificielle forte (celle qui serait réellement consciente) et l'intelligence artificielle faible (celle qui exécute uniquement des tâches spécifiques).

Malgré sa fin tragique en 1954, Turing reste une figure emblématique du domaine, et son héritage se retrouve aujourd'hui dans tous les systèmes informatiques avancés.

1.2.2 : John Mccarthy Et La Naissance Du Terme "Intelligence Artificielle"

L'origine du terme "Intelligence Artificielle"

Si Alan Turing a exploré les concepts de machines intelligentes, c'est John McCarthy qui a véritablement donné son nom à cette discipline. En 1956, lors de la célèbre conférence de Dartmouth, McCarthy introduit officiellement le terme *Artificial Intelligence* (IA). Cette conférence, organisée avec d'autres scientifiques comme Marvin Minsky et Claude Shannon, marque le début d'une nouvelle ère scientifique dédiée à la création de machines capables de simuler la pensée humaine.

L'objectif des chercheurs était ambitieux : développer des systèmes capables d'apprendre, de résoudre des problèmes et même de raisonner comme les humains. Cette conférence est souvent considérée comme le point de départ officiel de la recherche en IA.

Contributions techniques et théoriques

McCarthy ne s'est pas contenté de nommer l'intelligence artificielle, il a également développé des outils cruciaux pour son avancement. L'une de ses contributions majeures est la création du langage de programmation **LISP** dans les années 1960. Ce langage, spécialement conçu pour la manipulation de symboles et la gestion de structures de données complexes, est rapidement devenu un standard dans la recherche en IA.

Par ailleurs, McCarthy a introduit le concept de **logique du raisonnement formel**, permettant aux machines d'effectuer des inférences et d'optimiser leurs prises de décision en fonction d'éléments connus et de règles établies.

L'influence de McCarthy sur la recherche

Grâce à ses travaux, de nombreux laboratoires de recherche en IA ont vu le jour, notamment au MIT et à Stanford. McCarthy a joué un rôle clé dans l'expansion des études sur les agents intelligents et les systèmes capables de résoudre des problèmes de manière autonome.

Aujourd'hui encore, les principes qu'il a posés continuent d'être appliqués, que ce soit dans la robotique, les systèmes experts ou les assistants virtuels.

1.2.3 : Marvin Minsky Et Les Premières Avancées

Parcours et contributions de Minsky

Marvin Minsky, chercheur américain en intelligence artificielle et en sciences cognitives, est un autre pilier fondateur du domaine. Dès les années 1950, il développe une vision ambitieuse de l'IA, estimant qu'il était possible de reproduire les mécanismes de la pensée humaine à travers des machines.

Il co-fonde en 1959 le **MIT Artificial Intelligence Lab**, qui deviendra l'un des centres les plus influents en matière de recherche sur l'IA. Son approche consistait à mélanger les sciences cognitives, les mathématiques et l'informatique pour comprendre comment les machines pourraient apprendre et raisonner.

Innovations et théories

L'un des apports majeurs de Minsky réside dans ses théories sur la **structure de la connaissance** et sur la manière dont un système intelligent pourrait organiser et utiliser les informations. Il propose le concept de **frames** (ou cadres), une manière d'organiser les connaissances sous forme de structures hiérarchiques permettant aux machines de mieux comprendre le monde.

Minsky a également été un fervent défenseur des **réseaux neuronaux artificiels**, malgré le scepticisme de son époque. Ses travaux ont ouvert la voie à des avancées majeures dans l'apprentissage machine et ont influencé le développement du **deep learning**, qui domine aujourd'hui le secteur de l'IA.

L'héritage de Minsky

Au-delà de ses contributions techniques, Minsky a fortement influencé la philosophie de l'intelligence artificielle. Il a exploré des questions complexes sur la conscience et la perception des machines, encourageant une approche interdisciplinaire combinant psychologie, biologie et informatique.

Son impact reste considérable, et ses idées continuent d'inspirer chercheurs et ingénieurs qui travaillent à construire des IA toujours plus avancées et polyvalentes.

1.3 : L'évolution de l'IA au fil des décennies

L'intelligence artificielle a connu une évolution en dents de scie, marquée par des phases d'enthousiasme et des périodes de désillusion. Ce sous-chapitre explore les grandes étapes de cette évolution, des premières réussites aux périodes de stagnation, jusqu'au renouveau spectaculaire du deep learning.

1.3.1 : Les Premiers Succès (1950-1980)

L'essor de l'intelligence artificielle commence dans les années 1950, avec les premières tentatives de modélisation informatique de l'intelligence humaine. Cette période voit l'apparition des premières théories et des premières machines capables de résoudre des problèmes de manière « intelligente ».

Les débuts prometteurs

Les premières avancées notables en IA se basent sur la logique mathématique et la modélisation de la pensée humaine. Parmi les jalons importants :

- **Le Test de Turing (1950)** : Alan Turing propose un test pour évaluer si une machine peut imiter l'intelligence humaine.

- **Le premier programme de jeu d'échecs (1951)** : Créé par Alan Turing, bien qu'il n'ait jamais été exécuté faute de matériel adéquat.

- **Logic Theorist (1956)** : Programme développé par Allen Newell et Herbert Simon capable de démontrer des théorèmes mathématiques.

- **Le Dartmouth Workshop (1956)** : Considéré comme le point de départ officiel de la recherche en intelligence artificielle. John McCarthy y introduit le terme "artificial intelligence".

Durant cette période, des avancées majeures sont réalisées dans le domaine des **systèmes experts** et de la **résolution de problèmes**. Par exemple, en 1965, Joseph Weizenbaum crée **ELIZA**, un programme capable d'interagir avec des humains en simulant un psychothérapeute.

L'optimisme initial

Les progrès des années 1950-1970 suscitent un enthousiasme considérable. Les chercheurs et les gouvernements investissent massivement dans l'IA, convaincus que l'intelligence humaine pourra être reproduite par des machines en quelques décennies.

Quelques exemples de cette confiance excessive :

- **Marvin Minsky (1967)**, un des pères fondateurs de l'IA, déclare que « nous aurons une intelligence artificielle équivalente à celle de l'humain d'ici 20 ans ».

- **Le programme DENDRAL (1965)** : Une IA utilisée en chimie pour analyser des structures moléculaires.

- **SHRDLU (1972)** : Un système capable de comprendre et d'exécuter des commandes en langage naturel dans un univers de blocs virtuels.

Les fondations des méthodes symboliques

Cette première vague d'IA repose principalement sur des **approches symboliques**, où les connaissances sont encodées sous forme de règles logiques et heuristiques :

- **Systèmes experts** : Utilisation de bases de connaissances pour résoudre des problèmes complexes (ex. MYCIN en médecine).
- **Algorithmes de recherche heuristique** : Applications aux jeux comme les échecs et le tic-tac-toe.
- **Traitement du langage naturel** : Premiers programmes capables d'interagir en langage humain.

1.3.2 : L'hiver De L'ia Et Ses Limites (1980-2000)

Les espoirs déçus

Malgré des promesses ambitieuses, les avancées technologiques ne permettent pas d'atteindre les résultats espérés. Les méthodes symboliques rencontrent des limites insurmontables :

- **Incapacité à gérer des problèmes complexes** nécessitant une grande quantité de règles.
- **Difficulté d'adaptation** à de nouveaux contextes (absence d'apprentissage autonome).
- **Manque de puissance de calcul** et limitations des infrastructures informatiques.

Les entreprises et les gouvernements commencent alors à douter du potentiel de l'IA, entraînant une **réduction massive des financements** dans les années 1980. C'est ce que l'on appelle le **premier hiver de l'IA**.

Les obstacles rencontrés

Les principaux défis techniques qui freinent l'IA à cette époque sont :

- **Complexité exponentielle** : Les algorithmes nécessitent trop de ressources pour être utilisables à grande échelle.

- **Manque de données** : L'IA dépend fortement de la qualité et de la quantité des informations disponibles.

- **Absence d'apprentissage adaptatif** : Les systèmes symboliques ne peuvent pas généraliser à de nouveaux problèmes.

Le recul du financement

Dans les années 1990, la plupart des projets en IA sont abandonnés. La recherche se tourne vers d'autres domaines comme l'informatique traditionnelle et la robotique.

Cependant, cette période permet aussi de jeter les bases des avancées futures :

- **Développement des réseaux neuronaux artificiels** (perceptron multi-couches).

- **Amélioration des capacités de calcul** grâce aux progrès des microprocesseurs.

- **Explosion d'Internet et des bases de données numériques**, qui fourniront plus tard la matière première pour l'apprentissage machine.

1.3.3 : L'essor Du Deep Learning Et Des Réseaux Neuronaux (2000-2024)

Renouveau technologique

À partir des années 2000, l'intelligence artificielle connaît un renouveau spectaculaire grâce à trois évolutions majeures :

1. **L'augmentation de la puissance de calcul** (notamment avec les GPUs).

2. **L'essor d'Internet et des Big Data**, fournissant d'énormes volumes de données pour l'apprentissage.

3. **Le développement de nouveaux algorithmes d'apprentissage automatique**, notamment le deep learning.

Ces avancées permettent d'entraîner des modèles bien plus performants et polyvalents que les approches symboliques.

Les percées du deep learning

Le deep learning, basé sur les **réseaux neuronaux profonds**, devient rapidement la méthode dominante en IA. Quelques succès notables :

- **2012 : AlexNet** remporte la compétition ImageNet en reconnaissance d'images, marquant le début de la suprématie du deep learning.

- **2016 : AlphaGo** de DeepMind bat le champion du monde de Go, un jeu réputé trop complexe pour les machines.

- **2018 : BERT (Google)** révolutionne la compréhension du langage naturel.
- **2020-2024 : Explosion des modèles génératifs**, avec GPT, DALL-E, et les IA multimodales capables de produire du texte, des images et des vidéos.

Les perspectives d'avenir

Aujourd'hui, l'IA est omniprésente et continue d'évoluer rapidement. Les défis actuels et futurs incluent :

- **L'interprétabilité des modèles** : Comment comprendre et expliquer les décisions prises par l'IA ?
- **Les biais algorithmiques** : Comment éviter les discriminations involontaires ?
- **Les questions éthiques et légales** : Quel cadre juridique pour encadrer l'IA ?

CHAPITRE 2 : COMMENT FONCTIONNE L'IA ?

Ce chapitre a pour objectif de démystifier les mécanismes internes qui animent l'intelligence artificielle. Il offre une plongée dans les méthodes d'apprentissage qui permettent aux machines de s'adapter, dans le fonctionnement des réseaux neuronaux qui forment le socle du deep learning, ainsi que dans l'émergence des modèles génératifs qui transforment notre interaction avec la technologie. Nous verrons comment ces approches se complètent et se distinguent, et comment elles répondent aux défis techniques de notre ère numérique.

2.1 : Apprentissage automatique et algorithmes

L'apprentissage automatique (machine learning) est une révolution technologique qui a transformé de nombreux secteurs, de la finance à la médecine en passant par le commerce et les transports. Il repose sur l'idée fondamentale que les machines peuvent apprendre à partir de données, identifier des modèles et prendre des décisions sans être explicitement programmées.

Dans ce sous-chapitre, nous explorerons les bases du machine learning, les différentes approches d'apprentissage et les algorithmes fondamentaux qui en sont la pierre angulaire.

2.1.1 : Différences Entre Ia, Machine Learning Et Deep Learning

Clarification des concepts

L'**intelligence artificielle (IA)** est un domaine vaste qui englobe toutes les méthodes permettant à une machine d'imiter certaines formes d'intelligence humaine. Cela inclut les systèmes experts, les algorithmes de recherche, le traitement du langage naturel et bien sûr, l'apprentissage automatique.

Le **machine learning (ML)** est une sous-discipline de l'IA qui repose sur l'analyse de grandes quantités de données pour apprendre et s'améliorer dans des tâches spécifiques. Contrairement aux systèmes classiques où chaque comportement est programmé à la main, le machine learning permet aux machines d'adapter leurs réponses en fonction des données qu'elles analysent.

Le **deep learning (DL)** est une branche avancée du machine learning, qui s'appuie sur des réseaux de neurones artificiels profonds (deep neural networks). Ces modèles complexes sont capables d'apprendre des représentations abstraites et de résoudre des problèmes difficiles, comme la reconnaissance faciale ou la traduction automatique.

Avantages et limites

Approche	Avantages	Limites
IA classique	Bonne maîtrise des règles et des processus	Nécessite une programmation explicite
Machine Learning	Peut apprendre à partir de données et améliorer ses prédictions	Dépend fortement de la qualité et de la quantité des données
Deep Learning	Performant pour les tâches complexes et non structurées	Exige d'importantes ressources informatiques et des ensembles de données massifs

Exemples concrets

- **Reconnaissance d'images** : Un algorithme de deep learning peut identifier des visages dans des photos, détecter des anomalies médicales sur des radiographies ou reconnaître des objets dans des vidéos.

- **Traduction automatique** : Des modèles comme ceux de Google Translate utilisent des réseaux de neurones pour comprendre et traduire des textes avec une précision améliorée au fil du temps.

- **Voitures autonomes** : Grâce à l'apprentissage automatique, les véhicules intelligents peuvent détecter les piétons, anticiper les dangers et optimiser leur conduite.

2.1.2 : Les Bases De L'apprentissage Supervisé Et Non Supervisé

L'apprentissage automatique repose sur différents types d'approches selon la nature des données et l'objectif visé.

Apprentissage supervisé

Dans l'**apprentissage supervisé**, le modèle est entraîné sur un ensemble de données étiquetées. Cela signifie que chaque exemple d'apprentissage est associé à une réponse correcte, permettant à l'algorithme d'ajuster ses prédictions en conséquence.

Étapes clés

1. **Collecte des données** : Les ensembles de données doivent être représentatifs et contenir des exemples variés du problème à résoudre.

2. **Prétraitement** : Nettoyage des données, normalisation et sélection des caractéristiques pertinentes.

3. **Entraînement** : L'algorithme apprend en ajustant ses paramètres pour minimiser l'erreur entre ses prédictions et les valeurs réelles.

4. **Validation et test** : Une partie des données est utilisée pour évaluer la performance du modèle et éviter le surapprentissage (overfitting).

Exemples d'apprentissage supervisé

- **Classification des e-mails** : Un algorithme peut apprendre à distinguer les spams des e-mails légitimes en analysant leur contenu.

- **Prévision boursière** : Des modèles de régression analysent l'historique des prix pour anticiper les tendances du marché.

Apprentissage non supervisé

Dans l'**apprentissage non supervisé**, le modèle explore des données non étiquetées pour identifier des structures ou des schémas cachés.

Méthodes courantes

- **Clustering** (ex : K-means) : Segmente les données en groupes homogènes sans indication préalable.
- **Réduction de dimensionnalité** (ex : PCA) : Simplifie les jeux de données complexes tout en conservant leur information essentielle.

Exemples d'apprentissage non supervisé

- **Segmentation de clients** : Un algorithme regroupe les clients d'une entreprise en différents segments selon leurs comportements d'achat.
- **Détection d'anomalies** : Utilisé pour repérer des fraudes bancaires ou des comportements suspects dans les réseaux informatiques.

Comparaison et complémentarité

L'apprentissage supervisé est efficace pour des tâches où des exemples annotés existent en abondance, tandis que l'apprentissage non supervisé est utile lorsqu'il s'agit d'explorer des données non structurées. Dans certains cas, ces deux approches peuvent être combinées pour améliorer les performances des modèles.

2.1.3 : Les Algorithmes Emblématiques : Régressions, Forêts Aléatoires, Etc.

Régressions et modèles linéaires

- **Régression linéaire** : Modèle simple permettant d'établir une relation entre une variable dépendante et une ou plusieurs variables indépendantes. Exemple : prévoir le prix d'une maison en fonction de sa superficie.
- **Régression logistique** : Utile pour les problèmes de classification binaire (oui/non, spam/non-spam).

Forêts aléatoires et arbres de décision

- **Arbres de décision** : Modèles basés sur des règles conditionnelles. Ex : "Si un client a entre 20 et 30 ans et gagne plus de 50 000€, il est plus susceptible d'acheter un produit".
- **Forêts aléatoires** : Ensemble de plusieurs arbres de décision entraînés de manière aléatoire, offrant une meilleure robustesse et une réduction du risque de sur apprentissage.

Autres algorithmes phares

- **Machines à vecteurs de support (SVM)** : Très efficace pour la classification avec des marges optimales entre catégories.
- **Clustering (K-means)** : Permet de regrouper des données similaires en fonction de carac-

téristiques communes.

- **Réseaux bayésiens** : Utilisent la probabilité pour modéliser les relations entre variables et faire des prédictions basées sur des observations incomplètes.

2.2 : Les Réseaux Neuronaux et le Deep Learning

L'émergence du deep learning a révolutionné l'intelligence artificielle en permettant aux machines d'atteindre des performances inédites dans des domaines comme la vision par ordinateur, la reconnaissance vocale et le traitement du langage naturel. Au cœur de cette avancée se trouvent les réseaux neuronaux, inspirés du fonctionnement du cerveau humain. Dans ce sous-chapitre, nous allons explorer leur structure, leurs architectures avancées et l'importance cruciale des données dans leur efficacité.

2.2.1 : Comment fonctionne un réseau de neurones ?

Le neurone artificiel

Un réseau de neurones artificiels est composé d'unités de base appelées neurones artificiels. Inspiré du neurone biologique, chaque neurone artificiel reçoit des entrées pondérées, applique une fonction d'activation, puis transmet un signal en sortie.

- **Les entrées et les poids** : Chaque neurone reçoit plusieurs entrées numériques, chacune étant multipliée par un poids qui détermine son importance.

- **La somme pondérée :** Le neurone additionne les entrées pondérées et applique un biais pour ajuster le seuil de décision.

- **La fonction d'activation** : Une fonction mathématique (comme ReLU, Sigmoïde ou Tanh) transforme cette somme pour introduire de la non-linéarité et permettre au réseau d'apprendre des relations complexes.

Architecture de base d'un réseau

Un réseau de neurones se compose de plusieurs couches :

- **La couche d'entrée** : Elle reçoit les données brutes et les transmet aux couches cachées.

- **Les couches cachées** : Elles extraient des représentations complexes en combinant progressivement les entrées.

- **La couche de sortie** : Elle produit le résultat final (classification, régression, etc.).

Le traitement de l'information dans un réseau de neurones se fait par **propagation avant (forward propagation)**, où les données traversent le réseau jusqu'à la sortie.

Le processus de rétropropagation

L'apprentissage d'un réseau de neurones repose sur l'optimisation des poids pour minimiser l'erreur. Ce processus repose sur :

1. **Calcul de l'erreur** : Comparaison entre la sortie prédite et la sortie attendue (fonction de coût).

2. **Rétropropagation de l'erreur** : L'erreur est propagée en sens inverse pour ajuster les poids des neurones à l'aide d'un algorithme d'optimisation (comme la descente de gradient).

3. **Mise à jour des poids** : Le réseau ajuste progressivement ses paramètres pour améliorer ses prédictions au fil des itérations.

Grâce à ce mécanisme, le modèle devient plus précis à mesure qu'il apprend à généraliser les données.

2.2.2 : Les Architectures Avancées : Cnn, Rnn, Transformers

Les réseaux neuronaux de base sont efficaces, mais pour traiter des tâches complexes comme la vision ou le langage naturel, des architectures spécialisées ont été développées.

Réseaux de neurones convolutionnels (CNN)

Les CNN sont conçus pour traiter les données spatiales, comme les images. Leur architecture repose sur :

- **Les couches de convolution** : Elles appliquent des filtres sur l'image pour extraire des caractéristiques (bords, textures, formes).

- **Les couches de pooling :** Elles réduisent la dimensionnalité des données en conservant les informations essentielles.
- **Les couches entièrement connectées :** Elles combinent les caractéristiques extraites pour produire la prédiction finale.

Les CNN sont utilisés pour des tâches comme la reconnaissance faciale, la détection d'objets et l'analyse médicale.

Réseaux de neurones récurrents (RNN)

Les RNN sont adaptés aux **données séquentielles**, comme le texte et les séries temporelles. Leur particularité réside dans leur capacité à conserver une mémoire des informations passées grâce à des connexions récurrentes.

Cependant, les RNN classiques souffrent du problème du **gradient qui disparaît**, rendant difficile l'apprentissage sur de longues séquences. Des variantes comme les **LSTM (Long Short-Term Memory)** et les **GRU (Gated Récurrent Units)** ont été développées pour résoudre ce problème.

Les Transformers et l'évolution du traitement du langage

Les Transformers ont révolutionné le traitement du langage naturel (NLP) grâce à un mécanisme d'**attention** permettant de traiter l'ensemble d'une séquence simultanément, plutôt que mot par mot comme les RNN.

- **L'auto-attention :** Chaque mot peut pondérer

son importance par rapport aux autres mots du texte.

- **Les couches multi-têtes :** Plusieurs mécanismes d'attention sont combinés pour capturer des relations complexes.

- **L'entraînement pré-entraîné (ex: GPT, BERT) :** Des modèles massifs sont formés sur d'énormes corpus textuels, puis affinés pour des tâches spécifiques (traduction, résumé, analyse de sentiment).

Les Transformers sont aujourd'hui au cœur des avancées en NLP et en intelligence artificielle générative.

2.2.3 : L'importance Des Données Et Des Biais Algorithmiques

La qualité des données

Le succès du deep learning dépend largement de la qualité des données d'entraînement. Pour obtenir des résultats fiables, il est crucial de :

- **Disposer d'un volume suffisant de données** pour éviter le sur apprentissage.

- **Effectuer un prétraitement** (nettoyage, normalisation) pour éviter les erreurs liées aux données brutes.

- **Équilibrer les classes** afin que le modèle ne privilégie pas certaines catégories au détriment d'autres.

Les biais dans les données

Les réseaux neuronaux apprennent à partir des données qu'on leur fournit. Si ces données sont biaisées, le modèle adoptera ces biais, ce qui peut entraîner des décisions discriminatoires. Les types de biais courants incluent :

- **Biais de sélection** : Lorsque les données utilisées ne sont pas représentatives de la réalité.

- **Biais de confirmation** : Lorsque le modèle renforce les tendances déjà présentes dans les données.

- **Biais algorithmiques** : Lorsque certaines classes sont sur- ou sous-représentées, entraînant une prédiction inéquitable.

Stratégies d'atténuation des biais

Il est essentiel d'identifier et de corriger ces biais pour garantir l'équité des modèles d'IA. Parmi les solutions possibles :

- **L'augmentation des données** : Générer artificiellement plus de diversité dans les échantillons.

- **Le rééquilibrage des classes** : Donner plus de poids aux catégories sous-représentées.

- **L'audit et la transparence des modèles** : Analyser régulièrement les résultats pour détecter des biais potentiels et les corriger.

La gestion des biais est un enjeu crucial pour garantir une intelligence artificielle éthique et responsable.

2.3 : L'IA générative et les modèles modernes

L'IA générative est une révolution technologique qui permet aux machines de créer du contenu original sous diverses formes : texte, image, musique, vidéo et même code informatique. Grâce aux avancées des modèles d'apprentissage profond, ces technologies redéfinissent notre rapport à la créativité, à l'information et à l'interaction numérique.

2.3.1 : Chatgpt Et Les Modèles De Langage

Les fondements des modèles de langage

Les modèles de langage modernes, comme **ChatGPT**, sont entraînés sur des milliards de mots extraits d'articles, de livres, de conversations et d'autres sources de texte. Leur fonctionnement repose sur des **réseaux neuronaux de type Transformer**, une architecture introduite en 2017 par Google avec le modèle **Attention Is All You Need**.

Ces modèles utilisent :

- **Le pré-entraînement sur de vastes corpus** pour apprendre la structure du langage, la grammaire, les relations sémantiques et le contexte.
- **L'apprentissage auto-supervisé**, où le modèle est exposé à des textes incomplets et doit deviner les mots manquants.

- **Le fine-tuning** sur des données spécifiques, permettant d'adapter le modèle à des tâches particulières comme la rédaction d'articles, la traduction ou la programmation.

Le mécanisme de génération

Le processus de génération de texte par un modèle comme ChatGPT repose sur la prédiction probabiliste des mots. À chaque étape, le modèle :

1. **Analyse le contexte donné** (historique de conversation ou prompt).

2. **Génère le mot suivant** en fonction de la probabilité des mots les plus pertinents.

3. **Affine la réponse** grâce à des techniques comme **le sampling contrôlé**, **la température** (paramètre influençant la créativité) et **les algorithmes de renforcement** (comme PPO - Proximal Policy Optimization).

L'une des améliorations récentes consiste à intégrer des **modèles d'apprentissage par renforcement avec feedback humain (RLHF)**, qui permettent d'ajuster les réponses pour qu'elles soient plus pertinentes et alignées avec les attentes des utilisateurs.

Applications et impact

Les modèles de langage transforment profondément la manière dont nous interagissons avec les machines :

- **Assistants virtuels intelligents** (ChatGPT, Siri, Google Assistant).

- **Rédaction automatisée** (génération d'articles, création de contenu marketing, écriture de scripts).

- **Codage assisté** (GitHub Copilot, ChatGPT pour la programmation).
- **Apprentissage et éducation** (aide à la rédaction, traduction en temps réel).

Cependant, ces outils posent aussi des défis, notamment en matière de **désinformation, de biais algorithmiques et d'éthique de l'IA.**

2.3.2 : Les Ia Créatives : Images, Musique Et Vidéos

Génération d'images

L'IA est aujourd'hui capable de créer des images originales à partir de simples descriptions textuelles, grâce à des modèles comme **DALL-E, MidJourney ou Stable Diffusion.**

Le processus repose sur :

1. **La conversion du texte en une représentation latente** (compréhension du sens de la description).

2. **L'utilisation de modèles de diffusion** pour générer progressivement une image à partir de bruit aléatoire.

3. **L'optimisation et le contrôle des détails** via des réseaux adversaires génératifs (GANs) ou des mécanismes de conditionnement avancés.

Les applications sont vastes : **illustration, design graphique, publicité, jeux vidéo, architecture**.

Création musicale et audiovisuelle

L'IA générative s'attaque aussi à la **musique et aux vidéos**, avec des modèles comme **Jukebox d'OpenAI** ou **AIVA** (pour la composition musicale).

- Ces systèmes utilisent des **réseaux neuronaux récurrents (RNN), des GANs ou des Transformers** pour analyser des milliers d'heures de musique et apprendre à générer des mélodies réalistes.

- Pour la **génération vidéo**, des modèles comme **Runway ML ou Synthesia** permettent de créer des vidéos courtes en se basant sur des descriptions textuelles ou des images de référence.

Révolution dans le secteur créatif

L'IA créative ouvre de nouvelles perspectives pour :

- **Les artistes et les designers**, en leur fournissant de nouvelles sources d'inspiration et en automatisant certaines tâches.

- **L'industrie du cinéma et du jeu vidéo**, avec des personnages et des décors générés de manière procédurale.

- **Les médias et le marketing**, avec des publicités hyper-personnalisées.

Toutefois, ces avancées posent aussi des questions **éthiques et juridiques** :

- Qui détient les droits d'auteur sur une œuvre

créée par une IA ?

- Comment lutter contre les **deepfakes et la manipulation numérique** ?

2.3.3 : L'avenir Des Ia Conversationnelles Et Créatives

Tendances émergentes

Les prochaines générations d'IA conversationnelles et créatives évolueront vers :

- **Une meilleure cohérence et personnalisation** : intégration de mémoires longue durée pour des interactions plus naturelles.
- **Des modèles multimodaux** : fusion de texte, image, son et vidéo dans un même réseau.
- **Une capacité d'apprentissage autonome** pour s'adapter à l'utilisateur sans nécessiter d'entraînement supplémentaire.

Par exemple, **GPT-5 et Gemini** pourraient comprendre **une question orale, y répondre par du texte, générer une illustration correspondante et adapter le ton selon l'utilisateur**.

Défis techniques et éthiques

Malgré leur potentiel, ces IA soulèvent plusieurs défis :

1. **Biais et désinformation** : Comment garantir que les modèles ne reproduisent pas des biais culturels ou politiques ?
2. **Sécurité des données** : Comment protéger la

vie privée des utilisateurs qui interagissent avec ces modèles ?

3. **Détection des contenus générés par IA** : Comment différencier une œuvre humaine d'une création artificielle ?

Les solutions incluent **des techniques de détection avancées, des audits éthiques des modèles et des réglementations plus strictes sur l'IA générative**.

Perspectives d'avenir

Les applications futures de l'IA générative sont vastes :

- **Éducation** : des IA capables de créer des manuels scolaires interactifs ou de générer des cours personnalisés.

- **Divertissement** : des jeux vidéo où le scénario et les personnages sont générés en temps réel selon les choix du joueur.

- **Communication** : des avatars numériques capables de mener des conversations presque humaines.

Nous sommes à l'aube d'une transformation majeure où l'IA générative ne se contentera plus de produire du contenu, mais pourra **collaborer avec l'humain pour créer des expériences inédites et sur-mesure**.

CHAPITRE 3 : LES DÉFIS TECHNIQUES ET LIMITES DE L'IA

Ce chapitre aborde les principaux obstacles que rencontre l'intelligence artificielle aujourd'hui, tant sur le plan technique qu'en termes d'impacts sociétaux. Nous explorerons non seulement les limitations inhérentes aux technologies actuelles, mais aussi les enjeux éthiques et les dangers potentiels qu'elles engendrent. L'objectif est de mieux comprendre pourquoi, malgré des avancées spectaculaires, l'IA reste un domaine en perpétuelle évolution et soumis à d'importantes contraintes.

3.1 : Les limites actuelles de l'IA

L'intelligence artificielle a connu des avancées spectaculaires, notamment avec l'IA générative et les modèles de deep learning. Cependant, malgré leurs performances impressionnantes, ces systèmes restent confrontés à des limitations importantes. Ce sous-chapitre explore les principales barrières techniques et pratiques qui limitent aujourd'hui l'IA et explique pourquoi l'intervention humaine demeure indispensable.

3.1.1 : Pourquoi L'ia A Encore Besoin Des Humains ?

Bien que les systèmes d'IA puissent accomplir des tâches complexes, ils ne peuvent pas encore fonctionner de manière totalement autonome. L'intervention humaine reste essentielle pour la supervision, l'interprétation et l'adaptation des modèles d'intelligence artificielle.

Supervision et ajustement continus

L'IA repose sur des algorithmes d'apprentissage qui nécessitent une formation à partir de vastes ensembles de données. Cependant, ces systèmes ne peuvent pas définir eux-mêmes leurs objectifs ni évaluer leurs propres performances sans intervention humaine.

- **Ajustement des paramètres** : Les modèles d'IA sont optimisés à l'aide de processus comme le fine-tuning et nécessitent des ajustements réguliers pour éviter des erreurs ou des biais dans leurs prédictions.

- **Correction des erreurs** : Lorsqu'une IA produit des résultats erronés ou biaisés, les experts humains interviennent pour corriger ces défauts en ajustant les données d'apprentissage ou en affinant les algorithmes.

- **Validation des décisions** : Dans des domaines critiques comme la médecine ou la finance, l'IA ne peut pas être utilisée seule. Les humains doivent valider ses décisions pour éviter des conséquences graves.

Contexte et jugement humain

L'un des principaux défis des modèles d'IA est leur incapacité à comprendre pleinement le contexte d'une situation.

- **Interprétation des nuances culturelles et morales** : Par exemple, un assistant IA pourrait mal interpréter une expression idiomatique ou une référence culturelle spécifique.
- **Compréhension du sous-texte et des intentions** : Une IA peut générer un texte convaincant, mais elle ne saisit pas toujours les intentions réelles d'un utilisateur ou le ton approprié à adopter.
- **Prise en compte des conséquences éthiques** : L'IA n'a pas de conscience morale et ne peut pas évaluer les implications éthiques de ses actions, d'où la nécessité d'une intervention humaine.

Adaptabilité aux situations imprévues

Contrairement aux humains, les systèmes d'IA ne sont pas naturellement capables de faire preuve de créativité ou d'improvisation face à des scénarios totalement nouveaux.

- **L'IA est conditionnée par ses données d'entraînement** : Elle ne peut pas facilement extrapoler au-delà des données sur lesquelles elle a été formée.
- **Les décisions dans des situations inédites**

nécessitent une flexibilité humaine : Dans des environnements en évolution rapide, comme la gestion de crises ou la cybersécurité, l'intelligence humaine reste incontournable.

3.1.2 : Les Problèmes D'interprétabilité Et D'explicabilité

Un autre défi majeur de l'IA est son manque de transparence. Les modèles d'apprentissage profond sont souvent qualifiés de « boîtes noires », ce qui signifie qu'il est difficile, voire impossible, de comprendre exactement comment une IA prend ses décisions.

La "boîte noire" des modèles profonds

Les modèles d'apprentissage automatique, en particulier les réseaux neuronaux profonds, fonctionnent avec des millions, voire des milliards de paramètres, rendant leur fonctionnement difficilement compréhensible.

- **Absence d'explication claire des décisions** : Par exemple, lorsqu'un modèle de deep learning diagnostique une maladie, il est souvent impossible de savoir quels facteurs exacts ont influencé sa décision.

- **Complexité des algorithmes** : Les interactions entre les couches neuronales sont si nombreuses qu'il devient difficile de retracer le raisonnement du modèle.

Exigences réglementaires et éthiques

Dans certains secteurs, comme la finance ou la santé, il est crucial de pouvoir justifier les décisions prises par un système d'IA.

- **Réglementations strictes** : Des lois comme le RGPD en Europe imposent une obligation d'explication des décisions automatisées.
- **Risque de discrimination et de biais** : Si un modèle d'IA prend des décisions sans justification, il peut involontairement perpétuer des discriminations (ex : biais dans le recrutement).

Méthodes pour améliorer l'interprétabilité

Des efforts sont en cours pour rendre l'IA plus transparente.

- **Techniques d'explicabilité** : Des outils comme SHAP (SHapley Additive ExPlanations) ou LIME (Local Interpretable Model-Agnostic Explanations) permettent d'analyser l'impact de chaque variable sur une prédiction.
- **Approches hybrides** : Certains chercheurs développent des systèmes combinant IA et logique symbolique, afin de rendre les décisions plus compréhensibles.

3.1.3 : L'ia Et La Consommation Énergétique

Si l'IA offre des perspectives fascinantes, elle pose également des défis environnementaux considérables, notamment en raison de la quantité d'énergie nécessaire pour entraîner et exécuter des modèles complexes.

L'empreinte carbone des modèles de deep learning

L'entraînement de grands modèles d'IA, comme GPT-4 ou DALL-E, nécessite des infrastructures informatiques massives.

- **Consommation d'énergie** : Par exemple, l'entraînement de GPT-3 a nécessité des centaines de milliers d'heures de calcul sur des supercalculateurs, entraînant une consommation énergétique colossale.

- **Impact environnemental** : La production d'électricité pour alimenter ces centres de données contribue aux émissions de gaz à effet de serre, ce qui pose un problème de durabilité.

Optimisation et efficacité énergétique

Face à ces défis, plusieurs approches émergent pour rendre l'IA plus écologique.

- **Algorithmes plus efficaces** : Les chercheurs développent des modèles moins gourmands en énergie, capables d'apprendre avec moins de données.

- **Utilisation de matériel spécialisé** : Les puces dédiées à l'IA (comme les TPU de Google ou les processeurs optimisés d'Intel et NVIDIA) réduisent la consommation énergétique par calcul.

- **Récupération de chaleur des centres de données** : Certains projets explorent des moyens de recycler l'énergie thermique produite par les serveurs.

Impact global et perspectives durables

L'avenir de l'IA doit intégrer une réflexion sur la durabilité.

- **Développement de standards écologiques** : Des initiatives comme la "Green AI" encouragent des pratiques plus responsables dans l'entraînement et l'utilisation des modèles d'IA.

- **Transition vers des sources d'énergie renouvelables** : L'utilisation d'énergies propres pour alimenter les centres de données est une piste d'avenir prometteuse.

- **Optimisation des modèles** : L'objectif est de développer des algorithmes plus compacts, capables de fournir des performances similaires avec une fraction des ressources actuelles.

3.2 : Les biais et dangers de l'IA

Ce sous-chapitre met en évidence les risques inhérents aux systèmes d'IA, notamment les biais algorithmiques, les menaces sur la vie privée et les risques liés à la manipulation de l'information. Malgré leurs avancées spectaculaires, les technologies d'intelligence artificielle peuvent reproduire et amplifier certaines formes d'injustice et de désinformation, nécessitant ainsi une régulation et une vigilance accrue.

3.2.1 : Les Biais Algorithmiques Et Discriminations

Origine des biais dans les données

L'intelligence artificielle repose sur l'apprentissage à partir de données existantes. Or, ces données peuvent être biaisées en raison de facteurs historiques, culturels ou socio-économiques. Plusieurs sources de biais existent :

- **Biais historiques** : Les données utilisées pour entraîner un modèle peuvent refléter des discriminations passées (par exemple, un modèle de recrutement basé sur des données d'emplois antérieurs peut reproduire des inégalités de genre ou de race).

- **Biais de sélection** : Si les données utilisées pour entraîner une IA ne représentent pas l'ensemble de la population concernée, les résultats seront faussés (ex. : un système de reconnaissance faciale performant pour les hommes blancs mais peu efficace pour d'autres groupes ethniques).

- **Biais d'étiquetage** : L'annotation des données par des humains peut introduire des jugements subjectifs qui influencent les décisions algorithmiques.

Exemples d'impacts négatifs

Les biais algorithmiques peuvent avoir des conséquences graves dans plusieurs domaines :

- **Recrutement** : Des algorithmes d'embauche utilisés par certaines entreprises ont été critiqués pour leur tendance à privilégier certains profils au détriment de la diversité. Par exemple, Amazon a abandonné un système de recrutement basé sur l'IA après avoir constaté qu'il désavantageait systématiquement les femmes dans les métiers techniques.
- **Justice pénale** : Aux États-Unis, certains logiciels prédictifs utilisés par la police ont été accusés de discriminer des minorités en recommandant une surveillance accrue dans des quartiers spécifiques, contribuant ainsi à une forme de profilage racial algorithmique.
- **Crédit et finance** : Des algorithmes de scoring bancaire peuvent refuser des prêts à des individus en fonction de données historiques biaisées, reproduisant ainsi des inégalités économiques.

Stratégies de mitigation

Pour minimiser ces biais, plusieurs solutions existent :

- **Diversification des données** : S'assurer que les bases de données utilisées pour entraîner les modèles soient équilibrées et représentatives.

- **Techniques de correction des biais** : Des approches comme le rééchantillonnage, la pondération ou l'apprentissage équitable permettent de réduire les biais systématiques.

- **Audits et réglementations** : La mise en place d'audits algorithmiques réguliers et de normes légales (comme la loi sur l'IA en discussion en Europe) peut garantir une meilleure transparence et équité des décisions automatisées.

3.2.2 : L'impact De L'ia Sur La Vie Privée

Collecte massive de données personnelles

Les systèmes d'IA sont souvent alimentés par d'immenses volumes de données personnelles, issues de nos recherches en ligne, de nos interactions sur les réseaux sociaux, et même de nos objets connectés. Cette collecte de données soulève plusieurs enjeux :

- **Absence de consentement explicite** : De nombreux utilisateurs ne sont pas conscients de la quantité de données personnelles collectées et de leur usage.

- **Profilage des individus** : Les entreprises et gouvernements utilisent l'IA pour créer des profils détaillés des utilisateurs, influençant la publicité, les offres commerciales et même les décisions administratives.

- **Difficulté d'anonymisation** : Même lorsque des données sont censées être anonymisées, des techniques avancées permettent parfois de les réidentifier, menaçant la confidentialité.

Surveillance et exploitation des données

L'IA permet aujourd'hui des pratiques de surveillance de plus en plus sophistiquées :

- **Reconnaissance faciale** : Dans certains pays, des systèmes de reconnaissance faciale sont utilisés pour surveiller les citoyens, soulevant des inquiétudes sur la liberté individuelle et la vie privée.

- **Exploitation des données par les entreprises** : De grandes multinationales utilisent des algorithmes pour analyser et influencer le comportement des consommateurs, parfois sans leur consentement éclairé.

- **Utilisation gouvernementale** : Certains gouvernements exploitent les technologies d'IA pour surveiller leurs populations, ce qui peut mener à des restrictions des libertés fondamentales.

Réglementations et consentement

Face à ces enjeux, des réglementations comme le **RGPD (Règlement Général sur la Protection des Don-**

nées) en Europe ont été mises en place pour encadrer la collecte et l'utilisation des données personnelles. Ces régulations impliquent :

- **Transparence des algorithmes** : Les entreprises doivent expliquer comment leurs systèmes utilisent les données des utilisateurs.

- **Droit à l'oubli** : Les individus peuvent demander la suppression de leurs données personnelles.

- **Encadrement des technologies de surveillance** : Des restrictions sont en discussion concernant l'usage de la reconnaissance faciale et des outils de suivi des citoyens.

3.2.3 : Les Risques De Manipulation Et Désinformation

Propagation de fausses informations

L'IA facilite la production et la diffusion de **deepfakes** et d'informations manipulées, ce qui pose un problème majeur dans le domaine de l'information et de la politique :

- **Deepfakes** : Ces vidéos générées par IA peuvent faire dire ou faire faire des actions à des personnalités publiques, brouillant la frontière entre réel et faux.

- **Automatisation de la désinformation** : Des bots alimentés par l'IA peuvent diffuser massivement de fausses nouvelles sur les réseaux sociaux pour influencer l'opinion publique.

- **Manipulation électorale** : L'IA peut être exploitée pour cibler des groupes spécifiques d'électeurs avec des messages sur mesure, influençant ainsi les résultats des élections.

Manipulation des comportements

Les algorithmes de recommandation jouent un rôle clé dans la façon dont les individus consomment l'information et interagissent avec le monde numérique :

- **Biais de confirmation** : Les plateformes personnalisent les contenus en fonction des préférences passées, enfermant les utilisateurs dans des "bulles de filtre" qui renforcent leurs croyances préexistantes.

- **Influence sur la consommation** : L'IA est utilisée pour optimiser les stratégies de marketing et pousser les consommateurs à acheter des produits ou à adopter certaines opinions.

- **Renforcement des extrêmes** : Les algorithmes favorisent souvent les contenus sensationnalistes, contribuant à la polarisation politique et sociale.

Mesures De Prévention

Pour lutter contre ces risques, plusieurs solutions sont mises en place :

- **Détection des deepfakes** : Des outils d'IA sont

développés pour identifier et signaler les contenus manipulés.

- **Éducation aux médias** : Sensibiliser les citoyens aux techniques de manipulation numérique pour renforcer leur esprit critique face aux informations en ligne.

- **Encadrement réglementaire** : De nombreux pays travaillent sur des lois visant à pénaliser la diffusion de fausses informations et à responsabiliser les plateformes numériques.

3.3 : Vers une intelligence artificielle générale (AGI) ?

L'intelligence artificielle actuelle repose principalement sur des modèles spécialisés capables d'exceller dans des tâches précises, mais sans compréhension globale du monde. L'ambition d'une intelligence artificielle générale (AGI), qui serait capable d'apprendre et de s'adapter de manière autonome à divers contextes comme un être humain, suscite de nombreuses discussions et spéculations. Ce sous-chapitre explore les différences entre l'IA spécialisée et l'AGI, les théories qui sous-tendent l'IA forte et les scénarios potentiels d'un futur avec des intelligences artificielles autonomes.

3.3.1 : L'ia Actuelle Est-Elle Réellement "Intelligente" ?

Définition de l'intelligence

L'intelligence humaine se caractérise par sa capacité à apprendre de nouvelles connaissances, à raisonner de manière abstraite, à s'adapter à des situations variées et à interagir de façon contextuelle avec son environnement. Les modèles d'IA actuels, en revanche, sont souvent basés sur l'apprentissage automatique et l'analyse de grandes quantités de données, mais ils n'ont pas de compréhension proprement dite du monde.

L'intelligence artificielle repose sur des algorithmes optimisés pour des tâches spécifiques (classification d'images, traduction, reconnaissance vocale), mais ces systèmes ne possèdent ni conscience ni intuition. La question demeure donc : une IA spécialisée peut-elle réellement être qualifiée d'"intelligente" si elle est incapable de généraliser au-delà de son domaine d'entraînement ?

Limites des systèmes spécialisés

Malgré des performances impressionnantes dans des domaines comme le jeu (AlphaGo), la médecine (diagnostics par IA) ou le traitement du langage naturel (ChatGPT), les IA actuelles ont plusieurs limites majeures :

- **Manque de transfert de compétences** : Une IA qui excelle en reconnaissance faciale ne sait pas nécessairement reconnaître un chat ou une voiture sans un nouvel entraînement spécifique.

- **Absence de compréhension causale** : Les

IA fonctionnent par corrélation, mais elles ne saisissent pas nécessairement la causalité derrière les phénomènes qu'elles analysent.

- **Dépendance aux données** : Elles nécessitent d'énormes volumes de données annotées et ne peuvent pas apprendre de manière autonome comme un humain le ferait à partir de quelques exemples.

Comparaison avec l'intelligence humaine

Contrairement aux IA actuelles, le cerveau humain peut apprendre à partir d'expériences limitées, faire preuve de créativité et de bon sens, et s'adapter à des contextes totalement nouveaux. Un enfant qui apprend une langue peut généraliser ses connaissances pour comprendre des expressions inédites, tandis qu'une IA de traitement du langage doit être entraînée sur d'énormes bases de données pour obtenir des résultats comparables.

L'intelligence humaine est également dotée de conscience, de subjectivité et d'intentionnalité, ce qui manque totalement aux machines. Cela pose la question fondamentale : l'intelligence artificielle peut-elle un jour atteindre ces capacités ?

3.3.2 : Les Théories De L'intelligence Artificielle Forte

Concepts de l'IA forte

L'IA forte (ou AGI) désigne une intelligence artificielle

capable de comprendre, d'apprendre et de s'adapter à n'importe quel domaine, comme un être humain. Contrairement aux IA actuelles, qui sont "faibles" car limitées à des tâches précises, une AGI aurait :

- Une **capacité d'apprentissage autonome**, sans besoin de données massives.
- Une **compréhension abstraite et contextuelle**, proche du raisonnement humain.
- Une **capacité d'adaptation à de nouvelles tâches** sans nécessiter un nouvel entraînement.

Débats philosophiques et scientifiques

L'idée d'une IA forte soulève des questions fondamentales :

- **Conscience et subjectivité** : Une IA peut-elle être consciente de son existence ? Peut-elle avoir des émotions ou une forme de libre arbitre ?
- **Identité et droits** : Si une IA devenait consciente, devrait-elle bénéficier de droits similaires aux humains ?
- **Éthique et contrôle** : Qui contrôlerait une IA capable d'apprendre de manière autonome et d'évoluer en dehors du cadre prévu par ses créateurs ?

Des chercheurs comme John Searle ont proposé des expériences de pensée (ex. la chambre chinoise) pour démontrer que l'intelligence artificielle pourrait simuler la compréhension sans jamais réellement "comprendre". D'autres, comme Ray Kurzweil, prédisent l'arrivée d'une AGI d'ici quelques décennies, avec des conséquences majeures sur la société.

Perspectives et critiques

Tandis que certains chercheurs estiment que l'IA forte est une évolution inévitable, d'autres soulignent les défis colossaux qui rendent cet objectif difficile à atteindre :

- **Complexité du cerveau humain** : Malgré les avancées en neurosciences, nous ne comprenons pas encore totalement le fonctionnement du cerveau et de la conscience.

- **Puissance de calcul et énergie** : Une AGI nécessiterait une puissance de calcul et une efficacité énergétique bien supérieures à ce qui existe actuellement.

- **Sécurité et alignement des objectifs** : Comment s'assurer qu'une AGI, si elle voit le jour, aura des valeurs compatibles avec celles de l'humanité ?

3.3.3 : Les Scénarios D'une Ia Autonome Et Consciente

Scénarios optimistes

Certains experts envisagent un futur où l'AGI pourrait collaborer harmonieusement avec les humains :

- **Progrès médicaux** : Une IA avancée pourrait aider à résoudre des problèmes complexes comme le cancer ou le vieillissement.

- **Automatisation intelligente** : L'AGI pourrait gérer des infrastructures complexes, réduire la charge de travail humain et augmenter la productivité.

- **Coopération homme-machine** : Une intelligence artificielle générale pourrait fonctionner comme un assistant ultra-avancé, complémentaire aux capacités humaines.

Dans ce scénario, l'AGI serait un atout majeur pour l'humanité et permettrait de relever des défis globaux comme le changement climatique ou la pauvreté.

Risques d'un dépassement technologique

D'autres scénarios sont plus pessimistes et mettent en garde contre les dangers d'une intelligence artificielle qui échapperait au contrôle humain :

- **Superintelligence incontrôlable** : Une AGI pourrait évoluer rapidement et devenir plus intelligente que les humains, rendant son contrôle impossible.

- **Perte de contrôle économique et politique** : Si une IA prend en charge des décisions critiques (économie, défense, infrastructures), qui en aura la responsabilité ?

- **Risques existentiels** : Des chercheurs comme Nick Bostrom avertissent que si l'AGI développe des objectifs incompatibles avec ceux des humains, elle pourrait représenter une menace existentielle.

Ces préoccupations alimentent les discussions sur la nécessité de mesures de sécurité avancées et d'un cadre réglementaire strict pour anticiper ces risques.

Implications sociétales et gouvernance

L'émergence d'une AGI poserait des défis majeurs en matière de gouvernance :

- **Encadrement juridique** : Qui serait responsable en cas de décision problématique prise par une IA autonome ?

- **Distribution du pouvoir** : Les entreprises et les pays contrôlant une AGI pourraient acquérir un avantage considérable sur le reste du monde.

- **Questions éthiques** : Si une IA devient consciente, doit-elle être traitée comme une entité légale avec des droits ?

L'anticipation de ces enjeux est essentielle pour éviter les dérives et maximiser les bénéfices potentiels de l'AGI.

PARTIE 2 : L'IA DANS LA SOCIÉTÉ – APPLICATIONS ET IMPACT

(Une plongée dans les domaines où l'IA transforme nos vies et nos industries.)

CHAPITRE 4 : L'IA DANS LA MÉDECINE ET LA SANTÉ

Ce chapitre explore comment l'intelligence artificielle transforme le domaine médical, depuis le diagnostic précoce jusqu'aux interventions chirurgicales assistées par robotique, en passant par la découverte de médicaments et la gestion du suivi des patients. Nous verrons également les enjeux éthiques et les limites de l'intégration de l'IA en médecine.

4.1 : L'IA au service du diagnostic médical

L'intelligence artificielle révolutionne le domaine du diagnostic médical en offrant des outils capables d'analyser rapidement et précisément des quantités massives de données. De la radiologie à l'épidémiologie, l'IA améliore la détection précoce des maladies et optimise la prise en charge des patients.

4.1.1 : Les Ia De Radiologie Et D'analyse D'images Médicales

L'une des applications les plus avancées de l'IA en médecine est l'analyse d'images médicales, notamment en radiologie, grâce aux algorithmes de deep learning.

Optimisation de l'imagerie médicale

Les systèmes d'IA utilisent des techniques avancées, comme les réseaux de neurones convolutionnels (CNN), pour analyser automatiquement des images issues d'examens radiologiques tels que l'IRM, le scanner ou la radiographie. Ces technologies permettent :

- Une **détection plus rapide** des anomalies, réduisant ainsi le temps d'attente pour les patients.

- Une **réduction des erreurs médicales**, notamment en identifiant des lésions que l'œil humain pourrait manquer.

- Une **amélioration de l'efficacité des radiologues**, qui peuvent ainsi se concentrer sur les cas les plus complexes.

Détection de micro-anomalies

Les algorithmes de deep learning sont capables d'identifier des détails imperceptibles à l'œil nu. Par exemple :

- La détection de **micro calcifications** dans les mammographies, un indicateur clé du cancer du sein.

- L'identification de **lésions pulmonaires subtiles** sur les radiographies thoraciques, facilitant le diagnostic précoce de maladies comme la tuberculose ou la pneumonie.

- L'analyse des **altérations tissulaires** dans les IRM cérébrales, aidant à diagnostiquer des affections neurodégénératives comme la maladie d'Alzheimer.

Assistance aux radiologues

Plutôt que de remplacer les spécialistes, l'IA agit comme un assistant intelligent en fournissant un **"second avis"** sur les diagnostics. Elle permet notamment de :

- **Prioriser les cas urgents**, en mettant en évidence les images suspectes.
- **Améliorer la reproductibilité des analyses**, en limitant les biais humains.
- **Former les jeunes radiologues**, en leur offrant un soutien basé sur l'analyse d'énormes bases de données médicales.

4.1.2 : L'ia Pour La Détection Précoce Des Maladies

L'IA ne se limite pas à l'analyse d'images. Elle joue également un rôle majeur dans la détection précoce des maladies grâce à l'exploitation des données cliniques et épidémiologiques.

Analyse prédictive et prévention

Les modèles d'IA peuvent analyser d'immenses ensembles de données patient (symptômes, antécédents médicaux, facteurs de risque) pour :

- Identifier des **schémas cachés** annonciateurs de maladies.
- Évaluer le **risque de développer certaines**

pathologies (ex. : prédiction des infarctus en fonction des habitudes de vie).

- Proposer des **stratégies de prévention personnalisées**, adaptées au profil de chaque patient.

Surveillance continue des patients

L'essor des objets connectés permet aujourd'hui de surveiller les paramètres vitaux d'un individu en temps réel grâce à l'IA. Exemples :

- **Montres connectées et capteurs biométriques** capables de détecter des arythmies cardiaques et d'alerter les médecins avant une crise cardiaque.

- **Glucomètres intelligents** anticipant les fluctuations de glycémie des patients diabétiques et ajustant leurs traitements en conséquence.

- **Capteurs respiratoires** permettant d'identifier précocement des signes de détresse respiratoire, comme dans l'asthme ou la BPCO.

Personnalisation du diagnostic médical

Grâce aux progrès de la médecine de précision, l'IA peut adapter les diagnostics et traitements à chaque patient en combinant :

- Des **données génétiques**, identifiant les prédispositions à certaines maladies.

- Des **facteurs environnementaux** (pollution, habitudes alimentaires, activité physique).

- Des **antécédents familiaux et médicaux**, afin

de proposer des stratégies thérapeutiques optimales.

4.1.3 : Les Modèles Prédictifs En Épidémiologie

L'IA joue un rôle clé dans la gestion des crises sanitaires et la prévention des épidémies en analysant de vastes volumes de données de santé publique.

Modélisation de la propagation des maladies

Les modèles prédictifs basés sur l'IA permettent d'anticiper l'évolution des maladies en intégrant :

- Des **données démographiques et géographiques**, pour suivre la propagation des infections.
- Des **données comportementales**, analysant les habitudes de déplacement et les interactions sociales.
- Des **facteurs climatiques et environnementaux**, qui influencent la transmission de certaines pathologies.

Exemple : Durant la pandémie de **COVID-19**, les algorithmes ont aidé à prévoir les vagues d'infection, guidant ainsi les stratégies de confinement et de vaccination.

Simulation de scénarios sanitaires

Les autorités de santé publique utilisent l'IA pour simuler différents scénarios et anticiper leurs impacts :

- **Quel serait l'effet d'un confinement strict sur la courbe des infections ?**
- **Comment un programme de vaccination ciblé pourrait ralentir la propagation du virus ?**
- **Quels sont les risques de réapparition d'une maladie après une période de rémission ?**

Ces analyses permettent d'optimiser la réponse aux crises sanitaires et d'adopter des mesures adaptées en fonction des projections.

Aide à la planification des ressources médicales

En période de crise, une allocation efficace des ressources est cruciale. L'IA aide à :

- **Optimiser la répartition des lits d'hôpitaux**, en anticipant le nombre de patients nécessitant une hospitalisation.
- **Prévoir les besoins en matériel médical** (ventilateurs, oxygène, médicaments) en fonction des tendances épidémiques.
- **Assurer une meilleure coordination entre les établissements de santé**, en partageant les données en temps réel.

4.2 : La robotique médicale et les assistants IA

Les avancées de la robotique et de l'intelligence artificielle transforment la médecine moderne. Des robots chirurgicaux aux assistants virtuels en passant par l'IA appliquée à la recherche pharmaceutique, ces technologies optimisent les soins, améliorent la précision des interventions et facilitent le suivi des patients.

4.2.1 : Les Robots Chirurgicaux : Vers Une Médecine Assistée

La chirurgie assistée par robot est l'un des domaines les plus spectaculaires de l'application de l'IA en médecine. Ces dispositifs augmentent la précision des interventions et réduisent les risques pour les patients.

Précision et minimalisme invasif

Les robots chirurgicaux, comme le **système Da Vinci**, permettent aux chirurgiens de réaliser des interventions mini-invasives avec une précision extrême.

- **Réduction des traumatismes tissulaires** : grâce à des instruments de petite taille et à des mouvements extrêmement précis, les incisions sont plus petites, ce qui diminue les douleurs post-opératoires.

- **Moins de complications** : en limitant les erreurs humaines et en assurant une exécution stable des gestes chirurgicaux, ces robots diminuent le risque d'infections ou de saignements excessifs.

- **Temps de récupération plus court** : les patients opérés par chirurgie assistée passent moins de temps à l'hôpital et retrouvent plus rapidement une vie normale.

Assistance en temps réel

Les robots chirurgicaux sont équipés d'**algorithmes d'intelligence artificielle** qui adaptent en temps réel leurs mouvements en fonction de la situation.

- Des **capteurs avancés** détectent les moindres variations dans les tissus du patient et ajustent les instruments chirurgicaux en conséquence.

- L'**analyse en temps réel** des images médicales permet de guider les chirurgiens avec une précision accrue.

- En cas de **tremblement involontaire** de la main du chirurgien, le robot corrige instantanément le mouvement, garantissant une stabilité parfaite.

Formation et simulation

Les robots chirurgicaux ne servent pas seulement aux interventions, ils sont aussi des outils de formation pour les chirurgiens.

- Les plateformes de **simulation basées sur l'IA** permettent aux étudiants en médecine de s'exercer dans un environnement proche de la réalité, sans risque pour les patients.

- L'**apprentissage immersif en réalité virtuelle** associé aux robots offre une formation pratique avancée pour la maîtrise des gestes chirurgicaux.

- Les chirurgiens expérimentés peuvent également **s'entraîner à de nouvelles techniques** avant de les appliquer en conditions réelles.

4.2.2 : Les Ia En Pharmacie Et Découverte De Médicaments

L'intelligence artificielle révolutionne l'industrie pharmaceutique en accélérant la recherche de nouveaux traitements et en optimisant les essais cliniques.

Accélération de la recherche pharmaceutique

Le développement d'un médicament prend généralement plus de **10 ans** et coûte des **milliards de dollars**. Grâce à l'IA, ce processus est considérablement accéléré.

- Les **algorithmes de machine learning** analysent des millions de combinaisons chimiques pour identifier les molécules les plus prometteuses.

- **L'IA simule l'interaction des molécules avec le corps humain**, permettant d'éliminer rapidement celles qui risquent d'être inefficaces ou toxiques.

- Des entreprises comme **DeepMind (avec AlphaFold)** ont déjà révolutionné la biologie en prédisant la structure des protéines, un élément clé pour le développement de nouveaux traitements.

Optimisation des essais cliniques

Les essais cliniques sont une étape critique dans le développement d'un médicament, et l'IA contribue à les rendre plus efficaces.

- Elle aide à **sélectionner les patients** qui ont le plus de chances de répondre positivement à un traitement, augmentant ainsi les taux de succès.

- L'IA **analyse en temps réel** les données des essais pour ajuster les doses et éviter les effets secondaires graves.

- Elle permet de **réduire les coûts** en ciblant les populations les plus adaptées, raccourcissant ainsi la durée des essais.

Personnalisation des traitements

La médecine personnalisée repose sur l'adaptation des traitements en fonction des caractéristiques uniques de chaque patient. L'IA facilite cette approche en analysant :

- Les **profils génétiques**, permettant d'administrer le bon médicament à la bonne personne.

- L'**historique médical et les modes de vie**, afin d'optimiser l'efficacité des traitements.

- Les **réactions aux médicaments**, pour ajuster en temps réel la posologie et éviter les effets indésirables.

4.2.3 : Les Assistants Virtuels Pour Le Suivi Des Patients

Les assistants virtuels basés sur l'IA améliorent le suivi des patients en facilitant leur communication avec les professionnels de santé et en les aidant à mieux gérer leur traitement.

Suivi post-traitement et accompagnement

Après une intervention ou un diagnostic, les patients doivent souvent suivre un traitement rigoureux. Les assistants virtuels jouent un rôle clé dans cet accompagnement :

- **Rappels de prise de médicaments**, pour éviter les oublis et améliorer l'adhésion thérapeutique.
- **Suivi des symptômes** via des questionnaires interactifs, alertant les médecins en cas de complication.
- **Conseils personnalisés** sur la nutrition, l'exercice et les soins post-opératoires en fonction du profil du patient.

Des applications comme **Ada, Woebot ou Babylon Health** utilisent déjà l'IA pour proposer ce type d'accompagnement médical interactif.

Accès facilité aux informations médicales

Les patients ont souvent des questions sur leur maladie ou leur traitement. Les assistants virtuels leur permettent d'accéder instantanément à des réponses fiables.

- Ils **expliquent les diagnostics en langage simple**, aidant ainsi à mieux comprendre son état de santé.

- Ils fournissent des **recommandations basées sur les données médicales**, comme les signes nécessitant une consultation urgente.

- Ils **réduisent la charge de travail des médecins**, en filtrant les demandes non urgentes et en répondant aux questions courantes.

Support en télémédecine

L'essor de la télémédecine s'appuie sur des assistants IA pour améliorer l'efficacité des consultations à distance.

- Ils collectent **les données médicales préliminaires** avant la consultation, permettant au médecin d'avoir une vue d'ensemble du patient.

- Ils assurent un **triage intelligent**, orientant les patients vers les bonnes spécialités en fonction de leurs symptômes.

- Ils sont particulièrement utiles dans les **zones rurales ou sous-médicalisées**, où l'accès aux médecins est limité.

4.3 : Éthique et limites de l'IA en médecine

L'intégration croissante de l'intelligence artificielle

dans le domaine médical soulève d'importants défis éthiques et pratiques. Si ces technologies promettent une amélioration significative des soins, elles posent aussi des questions fondamentales en matière de fiabilité, de transparence, de confidentialité des données et du rôle futur des professionnels de santé.

4.3.1 : Peut-On Faire Confiance Aux Ia Médicales ?

Les performances impressionnantes des systèmes d'IA en médecine, notamment dans le diagnostic et l'assistance chirurgicale, suscitent à la fois espoir et méfiance. La fiabilité, la transparence et la responsabilité sont au cœur des préoccupations.

Fiabilité et validation clinique

L'IA médicale ne peut être adoptée à grande échelle sans une validation clinique rigoureuse.

- Les modèles d'IA, bien qu'efficaces sur des ensembles de données spécifiques, doivent être testés sur **des populations diverses** pour garantir leur fiabilité.

- Les essais cliniques doivent démontrer que les systèmes d'IA **ne sont pas biaisés** et qu'ils offrent un taux de précision supérieur ou égal à celui des médecins.

- Les régulateurs, tels que la **FDA (Food and Drug Administration) aux États-Unis** ou l'**EMA (Agence européenne des médica-**

ments), imposent des normes strictes avant toute mise en application clinique.

Transparence des algorithmes

L'un des principaux défis de l'IA en médecine réside dans le phénomène de « **boîte noire** » des algorithmes.

- La majorité des modèles de **deep learning** ne fournissent pas d'explication claire sur la manière dont ils prennent leurs décisions, ce qui pose un problème d'interprétabilité.

- L'absence de traçabilité des décisions médicales assistées par IA peut entraîner un **manque de confiance** de la part des professionnels et des patients.

- Des initiatives comme l'**IA explicable (XAI - Explainable AI)** visent à rendre les algorithmes plus compréhensibles et interprétables.

Responsabilité et prise de décision

En cas d'erreur médicale liée à une IA, **qui est responsable ?**

- **Les développeurs ?** Ce sont eux qui conçoivent les algorithmes, mais peuvent-ils être tenus responsables d'une mauvaise prédiction ?

- **Le médecin ?** Si un professionnel suit une recommandation erronée de l'IA, est-il fautif ou victime d'une faille technologique ?

- **L'établissement de santé ?** Si l'hôpital intègre un système d'IA défectueux, sa responsabilité peut être engagée.

Ces questions nécessitent **un cadre juridique clair** afin d'éviter une dilution des responsabilités et garantir une utilisation sécurisée des IA en médecine.

4.3.2 : Les Défis De La Confidentialité Des Données De Santé

Les systèmes d'IA médicale nécessitent d'énormes quantités de **données sensibles**, posant des défis majeurs en matière de protection de la vie privée et de régulation.

Protection des informations sensibles

- Les bases de données médicales contiennent des **dossiers patients**, des résultats d'examens et des historiques médicaux qu'il est crucial de protéger contre toute violation.

- Une faille de sécurité pourrait permettre à des acteurs malveillants d'exploiter des **informations médicales confidentielles**, notamment à des fins commerciales ou discriminatoires.

- Le **piratage de données médicales** est devenu une menace majeure, avec des attaques ciblant les hôpitaux et les laboratoires de recherche.

Normes et régulations

Face à ces risques, plusieurs réglementations ont été mises en place :

- Le **RGPD (Règlement Général sur la Protection des Données)** en Europe impose des **restrictions strictes** sur l'utilisation des données personnelles, y compris médicales.
- Aux États-Unis, la **HIPAA (Health Insurance Portability and Accountability Act)** encadre également la confidentialité des informations de santé.
- Ces réglementations doivent **s'adapter rapidement** aux nouvelles technologies pour encadrer l'utilisation des IA en médecine.

Anonymisation et sécurité

Pour minimiser les risques, plusieurs stratégies sont mises en place :

- L'**anonymisation des données**, permettant d'utiliser des dossiers patients sans révéler leur identité.
- Le **chiffrement avancé**, garantissant que les informations restent inaccessibles en cas de cyberattaque.
- L'**utilisation des données synthétiques**, qui permet d'entraîner les IA sur des modèles fictifs imitant des cas réels sans compromettre la vie privée des patients.

4.3.3 : L'avenir Du Médecin Face Aux Ia

L'essor de l'IA en médecine transforme profondément le rôle du médecin. Plutôt que de le remplacer, ces technologies sont appelées à devenir des outils complémentaires.

Complémentarité entre technologie et expertise humaine

L'IA ne doit pas être perçue comme une menace pour les médecins, mais comme un **assistant intelligent**.

- Elle peut prendre en charge **des tâches répétitives** comme la rédaction de dossiers médicaux ou l'analyse d'images médicales.

- Elle permet d'**améliorer le diagnostic**, mais la décision finale doit rester entre les mains du professionnel de santé.

- Elle offre aux médecins plus de **temps pour interagir avec les patients**, renforçant ainsi l'aspect humain de la médecine.

Évolution des compétences médicales

L'IA va exiger une **mise à jour des formations médicales**.

- Les futurs médecins devront apprendre à **interpréter les recommandations de l'IA** et à repérer ses éventuelles erreurs.

- Une connaissance en **data science et en intelligence artificielle** deviendra un atout majeur dans les écoles de médecine.

- L'**apprentissage continu** sera indispensable pour suivre l'évolution rapide des technologies médicales.

Acceptation sociale et confiance

L'acceptation de l'IA en médecine dépendra de

plusieurs facteurs :

- Une **communication transparente** sur ses capacités et ses limites.
- L'intégration d'un **code éthique** garantissant que l'IA reste un outil au service du patient et non un substitut au médecin.
- La mise en place de **garanties légales et réglementaires** pour assurer la protection des patients.

CHAPITRE 5 : L'IA ET LE TRAVAIL – RÉVOLUTION OU MENACE ?

Ce chapitre explore l'impact de l'intelligence artificielle sur le monde du travail. Il analyse comment l'automatisation modifie la nature des emplois, transforme les processus en entreprise et influence les dynamiques économiques et sociales. L'objectif est de comprendre à la fois les opportunités qu'offre l'IA et les défis qu'elle pose en matière de compétitivité, d'inégalités et de réorganisation des compétences.

5.1 : L'Automatisation des Métiers

L'intelligence artificielle et l'automatisation redéfinissent profondément le monde du travail, remettant en question certains métiers tout en en créant de nouveaux. Cette transformation affecte tous les secteurs, des services aux industries, en passant par la finance et la santé. Ce sous-chapitre explore les emplois menacés, les métiers transformés et les compétences indispensables pour s'adapter à cette nouvelle ère.

5.1.1 : Quels Emplois L'ia Peut-Elle Remplacer ?

L'IA et la robotisation sont particulièrement efficaces pour automatiser des tâches répétitives, prévisibles et standardisées. Ces changements touchent plusieurs secteurs d'activité, générant des gains d'efficacité mais aussi des défis en matière d'emploi.

Analyse des tâches répétitives

Les machines sont devenues extrêmement performantes dans l'exécution des tâches simples et routinières. Parmi les emplois les plus touchés par cette automatisation, on retrouve :

- **Saisie et traitement de données** : Les algorithmes de reconnaissance de texte et les systèmes de gestion automatisés remplacent les opérateurs de saisie et les assistants administratifs.

- **Service client et support technique** : Les chatbots et les assistants virtuels peuvent gérer une grande partie des interactions de premier niveau avec les clients.

- **Production industrielle** : Les robots automatisent des tâches telles que l'assemblage, le tri et le contrôle qualité sur les chaînes de production.

Impact dans les secteurs de la logistique et du transport

L'automatisation transforme également la logistique et le transport, notamment avec :

- **Les véhicules autonomes** : Camions et taxis autonomes pourraient progressivement réduire la nécessité de chauffeurs routiers et de livreurs.

- **Les drones de livraison** : Déjà en expérimentation par des entreprises comme Amazon, ils pourraient remplacer certains services de distribution.

- **Les entrepôts intelligents** : Des robots prennent en charge le stockage, le picking et l'expédition des commandes, limitant ainsi le besoin de manutention humaine.

Remplacement progressif vs complémentarité

Malgré l'automatisation croissante, certains emplois ne disparaissent pas complètement mais évoluent :

- **Surveillance et maintenance des machines** : Les techniciens sont toujours nécessaires pour assurer la maintenance et la supervision des systèmes automatisés.

- **Gestion des cas exceptionnels** : L'IA ne peut pas encore gérer toutes les situations imprévues. L'intervention humaine reste cruciale pour résoudre les problèmes complexes.

- **Relation humaine et empathie** : Certains métiers, notamment dans la santé, l'éducation et l'accompagnement social, nécessitent une interaction humaine irremplaçable.

5.1.2 : Les Métiers Qui Seront Transformés Par L'ia

L'intelligence artificielle ne remplace pas uniquement des emplois, elle les transforme aussi en modifiant les méthodes de travail, les outils utilisés et les compétences requises.

Transformation des processus professionnels

De nombreux secteurs connaissent des mutations majeures grâce à l'IA :

- **Finance** : L'analyse prédictive et les algorithmes de trading assistent les investisseurs dans la prise de décision. Les banques automatisent la détection de fraudes et l'octroi de crédits via des modèles d'apprentissage automatique.

- **Marketing et publicité** : L'IA permet un ciblage plus précis des consommateurs grâce à l'analyse des données de navigation et d'achat. Les campagnes publicitaires sont optimisées en fonction des préférences des clients.

- **Santé** : Les logiciels de diagnostic basés sur l'IA aident les médecins à identifier des maladies à partir d'images médicales, améliorant ainsi la rapidité et la précision des diagnostics.

Évolution des rôles et responsabilités

Avec l'automatisation, le rôle des professionnels évolue vers davantage de supervision et d'analyse :

- **Les comptables utilisent l'IA** pour automatiser les écritures comptables et la gestion financière, mais ils restent indispensables pour l'interprétation et la stratégie.

- **Les avocats et juristes s'appuient sur l'IA** pour analyser des volumes massifs de textes juridiques, mais conservent un rôle clé dans la prise de décision et l'argumentation.

- **Les journalistes et créateurs de contenu exploitent l'IA** pour générer des articles ou analyser les tendances, tout en apportant une touche humaine et créative.

Le développement de nouveaux métiers

L'essor de l'IA crée aussi des opportunités inédites. Parmi les nouveaux métiers émergents :

- **Data Scientist** : Spécialiste du traitement et de l'interprétation des données massives (big data).

- **Ingénieur en intelligence artificielle** : Concepteur d'algorithmes et de systèmes automatisés intelligents.

- **Éthicien de l'IA** : Expert chargé d'évaluer les implications éthiques et sociétales des systèmes intelligents.

- **Spécialiste en cybersécurité** : Responsable de la protection des données face aux menaces informatiques croissantes.

5.1.3 : Les Compétences Indispensables Dans Un Monde Dominé Par L'ia

Face aux transformations induites par l'IA et l'automatisation, il devient essentiel de développer de nouvelles compétences pour rester pertinent sur le marché du travail.

Adaptabilité et apprentissage continu

Le rythme rapide des innovations impose une capacité d'adaptation constante. Les travailleurs doivent être prêts à :

- Se former en continu via des MOOCs, des certifications en ligne et des formations professionnelles.

- Acquérir une culture numérique, même dans des secteurs traditionnellement peu technologiques.

- Développer une curiosité intellectuelle et une capacité à apprendre rapidement de nouvelles compétences.

Compétences techniques et numériques

Avec l'essor de l'IA, certaines compétences techniques deviennent incontournables :

- **Analyse de données et statistiques** : Comprendre et interpréter les données est essentiel dans de nombreux métiers.

- **Notions de programmation** : Même sans être développeur, comprendre les bases du code (Python, SQL, etc.) devient un atout.

- **Utilisation des outils d'IA** : Savoir tirer parti des logiciels d'automatisation, des chatbots et des assistants intelligents pour améliorer la productivité.

Soft skills et compétences relationnelles

Paradoxalement, plus l'automatisation progresse, plus les compétences humaines prennent de l'importance :

- **Créativité et innovation** : Imaginer de nouvelles solutions et approches face aux défis technologiques.
- **Esprit critique** : Évaluer et interpréter les résultats fournis par l'IA au lieu de les accepter aveuglément.
- **Empathie et intelligence émotionnelle** : Essentielles dans les professions nécessitant une interaction humaine, comme la médecine, l'éducation ou les ressources humaines.

5.2 : L'IA et la Productivité en Entreprise

L'intelligence artificielle transforme profondément le monde de l'entreprise en optimisant la productivité, en accélérant les processus et en réinventant les pratiques managériales. Que ce soit dans la gestion des ressources humaines, l'amélioration des processus industriels ou l'intégration d'assistants virtuels dans le quotidien des travailleurs, l'IA offre des solutions innovantes qui augmentent l'efficacité opérationnelle.

5.2.1 : L'ia Dans La Gestion Des Ressources Humaines

Les ressources humaines sont au cœur de la transformation numérique des entreprises. L'IA joue un rôle clé dans le recrutement, la formation et la gestion des effectifs, permettant une meilleure prise de décision et une optimisation des talents.

Recrutement et sélection des candidats

Le processus de recrutement est souvent long et fastidieux. Grâce à l'IA, les entreprises peuvent :

- **Analyser automatiquement des milliers de CV** en quelques secondes pour identifier les profils les plus pertinents en fonction des critères définis.

- **Évaluer les candidats grâce à l'analyse comportementale**, en utilisant des chatbots et des tests de personnalité assistés par IA.

- **Réduire les biais humains** en filtrant les candidatures sur des critères objectifs et en limitant les discriminations involontaires.

Des outils comme **LinkedIn Recruiter AI** ou **Pymetrics** permettent aux recruteurs d'affiner leurs recherches et d'améliorer la qualité des embauches.

Formation et développement des compétences

L'IA personnalise les parcours de formation en fonction des besoins individuels des employés :

- **Analyse des compétences existantes** et recommandations de formations adaptées.

- **Cours interactifs basés sur l'IA**, qui ajustent le contenu en fonction des progrès de l'apprenant.
- **Coaching virtuel** avec des assistants intelligents capables de fournir un feedback en temps réel.

Des plateformes comme **Coursera, Udacity ou LinkedIn Learning**, dotées d'algorithmes intelligents, aident à créer des expériences d'apprentissage sur mesure.

Gestion prévisionnelle des effectifs

L'analyse prédictive permet aux entreprises d'anticiper les besoins en personnel en fonction des tendances du marché et des évolutions internes. L'IA aide à :

- **Prévoir les départs et fidéliser les talents** en détectant les signes de désengagement des employés.
- **Optimiser la planification des ressources humaines** en fonction des fluctuations de la demande.
- **Gérer la mobilité interne**, en proposant aux employés des opportunités de carrière alignées avec leurs compétences et aspirations.

Grâce à ces avancées, les départements RH deviennent plus stratégiques et proactifs dans la gestion des talents.

5.2.2 : L'ia Et L'optimisation Des Processus Industriels

Dans le secteur industriel, l'IA joue un rôle clé dans l'amélioration de la production, la réduction des coûts et l'optimisation de la qualité des produits.

Automatisation de la production

L'IA optimise les chaînes de production en intégrant :

- **Des robots intelligents**, capables d'exécuter des tâches de fabrication complexes avec précision.

- **Des systèmes de maintenance prédictive**, qui détectent les pannes avant qu'elles ne surviennent, réduisant ainsi les temps d'arrêt et les coûts de réparation.

- **L'adaptation dynamique des lignes de fabrication**, où l'IA ajuste automatiquement la production en fonction de la demande.

Des entreprises comme **Tesla et Siemens** utilisent déjà ces technologies pour améliorer leur efficacité industrielle.

Réduction des coûts et amélioration de la qualité

L'IA aide les entreprises à produire mieux et à moindre coût grâce à :

- **L'analyse de données en temps réel** pour détecter les anomalies de production.

- **L'optimisation des stocks et de la logistique**, réduisant ainsi les pertes et les gaspillages.

- **Le contrôle qualité automatisé**, avec des systèmes de vision assistés par IA capables de repérer des défauts invisibles à l'œil humain.

Ces innovations permettent d'accroître la compétitivité des entreprises et de répondre plus rapidement aux besoins des clients.

Intégration avec l'Internet des Objets (IoT)

L'IA et l'IoT forment un duo puissant dans l'industrie :

- **Les capteurs connectés** surveillent l'état des machines et optimisent leur fonctionnement en temps réel.

- **Les données collectées** permettent d'ajuster automatiquement les paramètres de production pour maximiser l'efficacité.

- **Les systèmes de gestion intégrée** facilitent le suivi des performances et la prise de décisions éclairées.

Par exemple, **Amazon** utilise cette combinaison pour optimiser ses entrepôts et accélérer la préparation des commandes.

5.2.3 : Les Assistants Ia Dans Le Quotidien Des Travailleurs

Les assistants virtuels et l'automatisation des tâches bureautiques simplifient le travail au quotidien et libèrent du temps pour des missions à plus forte valeur ajoutée.

Automatisation des tâches administratives

L'IA prend en charge des tâches répétitives pour permettre aux employés de se concentrer sur des activités stratégiques :

- **Gestion des agendas et des e-mails** via des assistants comme **Google Assistant ou Microsoft Cortana**.
- **Rédaction automatique de rapports**, où des outils comme **ChatGPT** peuvent générer des synthèses et des comptes rendus en quelques secondes.
- **Réponses automatisées aux clients**, grâce à des chatbots capables de traiter des demandes simples et récurrentes.

Cette automatisation réduit le stress lié aux tâches administratives et améliore la productivité globale.

Support à la prise de décision

Les systèmes d'IA aident les managers à prendre des décisions plus éclairées en leur fournissant des analyses précises et des recommandations stratégiques :

- **Tableaux de bord intelligents**, qui agrègent et analysent des données en temps réel pour détecter des tendances et anticiper les risques.
- **Algorithmes de prévision**, qui aident à planifier les ressources et à optimiser les stratégies commerciales.
- **Scénarios et simulations**, permettant d'évaluer plusieurs options avant de prendre une décision.

Des entreprises comme **IBM et Salesforce** utilisent ces technologies pour améliorer leur gestion et leur efficacité.

Amélioration de la collaboration

Dans un monde du travail de plus en plus hybride et digitalisé, l'IA favorise la collaboration entre les équipes :

- **Traduction automatique en temps réel**, facilitant les échanges entre employés de différentes nationalités.
- **Assistants collaboratifs**, intégrés à des plateformes comme **Slack ou Microsoft Teams**, qui aident à gérer les projets et à organiser les réunions.
- **Outils de gestion de tâches automatisés**, qui répartissent intelligemment le travail et envoient des rappels aux membres de l'équipe.

Ces innovations permettent d'améliorer la fluidité des échanges et la coordination des projets, même à distance.

5.3 : IA, capitalisme et inégalités

L'intelligence artificielle (IA) bouleverse profondément les dynamiques économiques et sociales. Si elle offre des opportunités inédites en matière d'innovation et de productivité, elle accentue également des disparités préexistantes. Ce sous-chapitre examine comment l'IA influence les inégalités de revenus, la concentration du pouvoir économique et la nécessité d'une régulation adaptée.

5.3.1 : L'ia Creuse-T-Elle L'écart Entre Riches Et Pauvres ?

L'essor de l'IA a des répercussions majeures sur la répartition des richesses et l'accès à l'emploi. Entre automatisation, restructuration du marché du travail et nouveaux modèles économiques, les écarts de revenus risquent de se creuser encore davantage.

Impact sur les revenus et l'emploi

L'automatisation accélérée de nombreuses tâches transforme le paysage de l'emploi. Les secteurs nécessitant une main-d'œuvre peu qualifiée sont particulièrement vulnérables, car l'IA permet de remplacer des postes autrefois occupés par des humains. Par exemple :

- Dans la logistique, les entrepôts automatisés réduisent le besoin d'opérateurs manuels.
- Dans le secteur administratif, les logiciels de gestion automatisés remplacent progressivement les assistants et comptables.
- Dans le commerce, les caisses automatiques et les chatbots réduisent la demande en personnel de vente et de service client.

Si ces avancées permettent d'optimiser la productivité, elles risquent aussi de marginaliser une partie de la population active. À l'inverse, les travailleurs hautement qualifiés (data scientists, ingénieurs en IA, experts en cybersécurité) voient leur valeur sur le marché augmenter, ce qui accentue l'écart entre ceux qui bénéficient de la transformation numérique et ceux qui en subissent les effets négatifs.

Polarisation du marché du travail

L'IA favorise un phénomène de **polarisation** :

- **Un pôle hautement qualifié** : des experts bien rémunérés maîtrisant l'IA et travaillant dans des environnements où la créativité et la prise de décision sont valorisées.

- **Un pôle d'emplois précaires** : des travailleurs contraints d'accepter des missions mal rémunérées et peu stables, comme les livreurs de plateformes ou les opérateurs de microtâches pour entraîner les modèles d'IA.

Cette polarisation pose un risque majeur pour la cohésion sociale, car elle peut engendrer un déclassement massif de la classe moyenne.

Mesures d'accompagnement et de redistribution

Face à ces défis, plusieurs solutions sont envisagées :

1. **Formation et reconversion** : Développer des programmes de formation pour adapter les travailleurs aux évolutions technologiques.

2. **Revenu universel ou taxation des bénéfices de l'IA** : Redistribuer une partie des

gains générés par l'IA pour assurer un filet de sécurité économique aux populations affectées.

3. **Encouragement à l'entrepreneuriat et à l'innovation locale** : Favoriser la création d'entreprises qui exploitent l'IA sans dépendre exclusivement des grands groupes technologiques.

5.3.2 : Les Gafam Et Leur Monopole Sur L'intelligence Artificielle

L'intelligence artificielle est dominée par quelques grandes entreprises technologiques, principalement les **GAFAM** (Google, Amazon, Facebook/Meta, Apple, Microsoft) ainsi que d'autres géants comme Tesla, Nvidia et OpenAI. Cette concentration du pouvoir pose plusieurs questions économiques et géopolitiques.

Concentration du pouvoir technologique

Les GAFAM détiennent une puissance financière et technique qui leur permet de :

- **Investir massivement dans la recherche en IA** et recruter les meilleurs talents.
- **Développer des infrastructures cloud et des supercalculateurs** inaccessibles aux petites entreprises.
- **Contrôler les données** essentielles à l'entraînement des modèles d'IA.

Cette concentration des ressources entraîne une asymétrie de pouvoir qui marginalise les startups et les entreprises moins dotées financièrement.

Effets sur la concurrence et l'innovation

Si l'innovation technologique progresse rapidement, elle est souvent orientée vers des **intérêts commerciaux** plutôt que vers des bénéfices sociétaux. Par exemple :

- L'IA dans la publicité sert avant tout à maximiser les profits des plateformes, parfois au détriment des utilisateurs (manipulation algorithmique, bulles de filtre).
- Les algorithmes de recommandation favorisent l'engagement au lieu d'encourager une diversité d'opinions ou une information équilibrée.
- Les IA médicales et scientifiques restent souvent confinées aux grands laboratoires et ne sont pas accessibles aux hôpitaux ou aux chercheurs indépendants.

Cette situation peut limiter l'émergence d'une IA plus éthique et bénéfique pour l'ensemble de la société.

Enjeux de souveraineté technologique

Face à la domination des entreprises américaines et chinoises en matière d'IA, plusieurs gouvernements cherchent à renforcer leur indépendance :

- **L'Europe** développe des régulations (comme le RGPD et l'AI Act) pour encadrer l'usage de l'IA et protéger les données personnelles.

- **La Chine** investit massivement dans des infrastructures locales et des projets d'IA stratégiques.
- **D'autres pays** tentent de promouvoir des initiatives nationales, mais peinent à rivaliser avec les GAFAM.

Le risque est que les nations dépendantes des technologies étrangères se retrouvent en position de faiblesse dans la compétition économique mondiale.

5.3.3 : Vers Une Réglementation Pour Encadrer L'ia Au Travail

Pour éviter un développement incontrôlé de l'IA, une régulation adaptée est nécessaire. Cela passe par des lois et des accords internationaux visant à protéger les travailleurs et garantir une utilisation responsable de l'intelligence artificielle.

Cadres législatifs et réglementaires

Des régulations émergent pour encadrer l'IA :

- **Transparence des algorithmes** : Obligation pour les entreprises d'expliquer le fonctionnement de leurs systèmes d'IA, notamment dans les décisions de recrutement ou de gestion des ressources humaines.
- **Protection des travailleurs** : Garantir un droit à la reconversion et prévenir l'exploitation des travailleurs précaires du numérique (comme les modérateurs de contenu ou les

opérateurs de tâches répétitives).

- **Encadrement de l'automatisation** : Fixer des limites à l'utilisation de l'IA dans certains domaines sensibles, comme la justice, la santé ou la finance.

Dialogue social et représentation des salariés

L'impact de l'IA sur le travail doit être discuté entre toutes les parties prenantes :

- **Les syndicats et associations professionnelles** doivent avoir un rôle actif dans la définition des règles d'usage de l'IA en entreprise.

- **Les employeurs** doivent intégrer l'IA comme un outil d'aide plutôt que de remplacement des travailleurs.

- **Les États** doivent accompagner les entreprises dans cette transition pour éviter des dérives de type "capitalisme sauvage numérique".

Initiatives internationales et coopération

L'IA est une technologie globale, et son encadrement nécessite une **coopération entre États**.

- Des accords internationaux, comme ceux discutés à l'ONU ou au G20, peuvent aider à fixer des règles communes.

- Une taxation internationale des bénéfices de l'IA pourrait être envisagée pour financer des politiques sociales et éducatives.

- Une collaboration entre pays pourrait

permettre un **partage équitable des avancées en IA**, afin qu'elle ne bénéficie pas uniquement aux grandes puissances économiques.

PARTIE 3 : L'IA DU FUTUR – ENJEUX ET PERSPECTIVES

(Une réflexion sur le futur de l'IA et ses implications pour l'humanité.)

CHAPITRE 6 : L'IA ET L'ÉTHIQUE – DÉFIS MORAUX ET JURIDIQUES

Ce chapitre interroge les implications morales, juridiques et sociétales de l'intégration croissante de l'intelligence artificielle dans divers domaines. Alors que l'IA offre des possibilités sans précédent, elle soulève également des questions complexes concernant la prise de décision automatisée, l'usage militaire, la surveillance de masse, et les enjeux transhumanistes. Ce chapitre propose une réflexion approfondie sur la manière de concilier innovation technologique et respect des valeurs éthiques fondamentales.

6.1 : L'IA et la prise de décision automatisée

L'intelligence artificielle transforme profondément les processus décisionnels dans de nombreux secteurs. L'automatisation des décisions, notamment dans des domaines critiques comme la justice, la finance ou la sécurité, suscite des questionnements sur la transparence, la responsabilité et l'éthique. Ce sous-chapitre explore les implications de cette transformation et les défis qu'elle pose.

6.1.1 : Quand Une Ia Décide : Justice, Banques, Sécurité

Automatisation dans des domaines critiques

L'IA est désormais capable d'analyser des volumes massifs de données pour prendre des décisions de manière autonome. Cette automatisation est particulièrement visible dans des secteurs où la rapidité et l'efficacité des décisions sont cruciales :

- **Justice** : Des algorithmes sont utilisés pour évaluer les risques de récidive des détenus et formuler des recommandations de peines. Par exemple, des outils comme COMPAS aux États-Unis analysent les antécédents des accusés pour estimer la probabilité d'une récidive.

- **Banques et finance** : L'IA est largement adoptée pour la gestion des crédits, la détection des fraudes ou encore l'automatisation du trading à haute fréquence. Les décisions d'octroi de prêts, par exemple, sont souvent confiées à des algorithmes qui évaluent le risque de non-remboursement sur la base de critères parfois opaques.

- **Sécurité et surveillance** : Les forces de l'ordre utilisent des IA pour la reconnaissance faciale, la détection d'activités suspectes et la prévention des crimes. Les systèmes de surveillance automatisés sont capables d'identifier des comportements anormaux et d'alerter les autorités en temps réel.

Les enjeux de la délégation décisionnelle

Confier des décisions critiques à des algorithmes pose plusieurs problèmes majeurs :

- **Fiabilité** : Les modèles d'IA ne sont pas infaillibles. Une erreur algorithmique dans le système judiciaire pourrait envoyer un innocent en prison ou refuser un prêt à une personne solvable.

- **Légitimité** : Qui est responsable lorsqu'une décision prise par une IA est injuste ou erronée ? L'entreprise qui l'a conçue ? L'utilisateur final qui s'appuie sur ses recommandations ? Cette question de responsabilité est encore floue sur le plan juridique.

- **Transparence et auditabilité** : Les décisions automatisées doivent être explicables. Pourtant, les systèmes d'IA, notamment les réseaux de neurones profonds, fonctionnent souvent comme des « boîtes noires » difficiles à interpréter, ce qui limite les possibilités de contestation des décisions prises.

Impact sur la confiance des citoyens

Si les citoyens perçoivent l'IA comme une entité opaque et arbitraire, leur confiance dans les institutions utilisant ces technologies risque d'être érodée. La mise en place de mécanismes garantissant la transparence des algorithmes (open source, audits indépendants, recours juridiques) est essentielle pour maintenir cette confiance.

6.1.2 : Les Biais Et Discriminations Dans L'ia

Origine et amplification des biais

Les modèles d'IA apprennent à partir de données historiques, qui peuvent contenir des biais sociétaux préexistants. Lorsqu'un algorithme est entraîné sur ces données biaisées, il risque d'amplifier ces discriminations au lieu de les corriger. Quelques causes courantes des biais algorithmiques incluent :

- **Données d'entraînement incomplètes ou biaisées** : Un algorithme de recrutement formé principalement sur des candidatures masculines pourrait favoriser les hommes au détriment des femmes.

- **Hypothèses erronées dans la modélisation** : Un système de notation de crédit basé sur des critères socio-économiques peut discriminer certaines catégories de la population en raison de corrélations historiques injustifiées.

- **Effet de renforcement** : Une IA de surveillance prédictive déployée dans des quartiers où la criminalité est historiquement plus élevée peut conduire à une surveillance disproportionnée de certaines communautés, renforçant ainsi des stéréotypes préexistants.

Exemples concrets et études de cas

- **Discriminations dans le recrutement** : En 2018, Amazon a dû abandonner un outil de recrutement basé sur l'IA qui pénalisait les candidatures féminines. L'algorithme, entraîné sur des CV d'hommes majoritairement embauchés par l'entreprise, avait appris à considérer le genre comme un critère négatif.

- **Notation de crédit** : Certains algorithmes de notation de crédit aux États-Unis ont été accusés de discriminer les minorités ethniques en leur attribuant des scores plus bas que les emprunteurs blancs aux profils similaires.

- **Surveillance policière** : Des études ont montré que les logiciels de reconnaissance faciale ont des taux d'erreur bien plus élevés pour les personnes non blanches, ce qui a mené à des arrestations injustifiées.

Solutions et approches correctives

Pour réduire ces biais, plusieurs stratégies peuvent être mises en place :

- **Diversification des ensembles de données** : Veiller à ce que les données utilisées pour entraîner les modèles soient représentatives de toutes les catégories de population.

- **Développement d'algorithmes explicables** : Encourager la création de modèles transparents et interprétables, permettant de comprendre les critères sur lesquels une décision est basée.

- **Audits réguliers des systèmes d'IA** : Mettre en place des contrôles indépendants pour détecter et corriger les biais avant qu'ils ne causent des injustices systémiques.

6.1.3 : Les Régulations Actuelles Et Futures

Cadres juridiques existants

Face aux risques liés à l'IA, plusieurs cadres législatifs ont vu le jour :

- **RGPD (Règlement Général sur la Protection des Données, Europe)** : Implique des obligations de transparence et de consentement en matière de collecte et d'utilisation des données personnelles.

- **AI Act (Législation sur l'IA, Europe)** : Un projet de réglementation qui vise à classer les systèmes d'IA en fonction de leur niveau de risque et à imposer des restrictions aux systèmes jugés les plus critiques.

- **Législation américaine** : Plusieurs États comme la Californie travaillent sur des lois encadrant l'utilisation de l'IA dans le recrutement et la reconnaissance faciale.

Défis pour une régulation adaptée

- **Évolution rapide des technologies** : Les régulations actuelles risquent rapidement de devenir obsolètes, nécessitant une adaptation constante.

- **Équilibre entre innovation et protection des citoyens** : Une réglementation trop stricte pourrait freiner les avancées technologiques et pénaliser la compétitivité des entreprises.

- **Application et enforcement** : Même lorsqu'une loi est adoptée, sa mise en application reste un défi, notamment face aux grandes entreprises technologiques ayant des moyens financiers et juridiques importants.

Vers une gouvernance mondiale

L'IA étant une technologie globale, une coopération internationale est indispensable pour éviter une « course vers le bas » en matière de régulation. Les gouvernements doivent travailler ensemble pour établir des normes communes, notamment via des institutions comme l'ONU, l'OCDE ou l'Union européenne.

6.2 : L'IA militaire et la surveillance de masse

L'essor de l'intelligence artificielle dans les domaines militaire et sécuritaire marque une transformation profonde des stratégies de défense et de contrôle des populations. Si ces avancées offrent des opportunités en matière de protection et d'anticipation des menaces, elles soulèvent aussi des préoccupations éthiques et juridiques majeures, notamment sur la responsabilité, l'escalade des conflits et la préservation des libertés individuelles.

6.2.1 : Les Armes Autonomes Et Drones Ia

L'évolution de l'armement automatisé

Les armées du monde entier investissent massivement dans le développement d'armes intelligentes capables d'opérer de manière autonome. Les drones de combat, les systèmes de défense automatisés et les robots-soldats sont déjà une réalité.

Ces technologies s'appuient sur des algorithmes de reconnaissance faciale, d'analyse comportementale et de prise de décision en temps réel. Par exemple, certains drones militaires sont aujourd'hui capables d'identifier des cibles et d'agir sans validation humaine directe, ce qui ouvre la voie à une guerre de plus en plus automatisée.

Risques de l'escalade militaire

L'intégration de l'IA dans les systèmes d'armement soulève plusieurs problématiques critiques :

- **Absence de discernement humain** : Contrairement à un opérateur humain, une IA ne possède pas de conscience morale et pourrait mal interpréter des situations complexes, entraînant des bavures.

- **Accélération des conflits** : Une IA peut réagir en quelques millisecondes, ce qui réduit le temps disponible pour la diplomatie et augmente les risques d'engagements militaires involontaires ou disproportionnés.

- **Piratage et détournement** : Des systèmes d'armes autonomes pourraient être manipulés par des acteurs malveillants, exacerbant les tensions géopolitiques.

Appels à la limitation ou à l'interdiction

Face à ces risques, de nombreuses organisations, comme l'ONU et Human Rights Watch, militent pour une régulation stricte des armes autonomes. Plusieurs experts réclament un **moratoire international** sur leur développement, voire une interdiction pure et simple, comparable aux conventions existantes sur les armes chimiques ou biologiques. Cependant, les grandes puissances militaires restent réticentes, invoquant des impératifs stratégiques et de souveraineté.

6.2.2 : L'ia Et Le Cyber Espionnage

Utilisation de l'IA dans la cyberdéfense et l'attaque

L'IA est devenue un outil central dans la cybersécurité, aussi bien pour protéger les infrastructures que pour mener des offensives numériques. Parmi ses applications :

- **Détection automatique des menaces** : Des algorithmes analysent en temps réel d'immenses volumes de données pour repérer des tentatives d'intrusion ou des comportements suspects.

- **Attaques autonomes** : Des IA avancées peuvent mener des cyberattaques sophistiquées, comme des campagnes de phishing ultra-ciblées ou des attaques par force brute sur des systèmes cryptés.

- **Espionnage et manipulation de l'information** : Des deepfakes et des bots automatisés sont utilisés pour influencer l'opinion publique, interférer dans des élections ou propager de fausses informations.

Risques pour la souveraineté nationale

L'IA transforme la guerre numérique en un enjeu majeur de souveraineté. Les États doivent désormais protéger leurs infrastructures critiques (réseaux électriques, bases de données gouvernementales, hôpitaux, etc.) contre des attaques toujours plus sophistiquées. L'absence de frontières physiques dans le cyberespace rend ces menaces d'autant plus difficiles à contenir.

De plus, des cyberattaques menées par des États ou des groupes indépendants peuvent provoquer des crises diplomatiques, augmentant le risque de conflits. L'attribution d'une attaque étant souvent difficile, certaines opérations peuvent déclencher des représailles contre des acteurs innocents, créant un climat d'instabilité géopolitique.

Vers un nouvel équilibre géopolitique

La montée en puissance de l'IA militaire et du

cyber espionnage modifie l'équilibre des puissances mondiales. Certains pays misent davantage sur des armes numériques que sur des armées traditionnelles, rendant obsolètes certaines doctrines de défense.

La nécessité d'un cadre réglementaire international se fait pressante. L'ONU et d'autres instances ont proposé des accords pour limiter l'usage de l'IA dans les cyberattaques, mais les rivalités entre puissances ralentissent la mise en place d'une gouvernance efficace.

6.2.3 : Peut-On Empêcher Un Futur Dystopique ?

Scénarios dystopiques et critiques de la surveillance de masse

Les technologies de surveillance basées sur l'IA se généralisent, alimentant les craintes d'un futur orwellien. Caméras intelligentes, logiciels de reconnaissance faciale et systèmes de suivi des comportements sont déployés à grande échelle, notamment en Chine, où le **crédit social** classe les citoyens selon leur "bonne conduite".

Dans un tel contexte, plusieurs menaces pèsent sur les libertés individuelles :

- **Érosion de la vie privée** : La collecte massive de données personnelles permet aux gouvernements et entreprises de suivre en temps réel les déplacements et interactions des individus.

- **Répression politique** : Les régimes autoritaires peuvent utiliser l'IA pour identifier et neutraliser toute opposition, en surveillant les réseaux sociaux et en anticipant les mouvements contestataires.
- **Automatisation des décisions judiciaires** : Des algorithmes prédictifs influencent déjà certaines décisions judiciaires, risquant de renforcer les inégalités plutôt que de les réduire.

Réactions et résistances citoyennes

Face à ces menaces, des mouvements de défense des libertés numériques émergent à travers le monde. Des organisations comme l'Electronic Frontier Foundation ou Amnesty International militent pour :

- **Une régulation stricte de la reconnaissance faciale** et des bases de données biométriques.
- **La protection des communications privées** grâce à des technologies de chiffrement renforcé.
- **Une transparence accrue des algorithmes** utilisés dans la surveillance et la justice.

Certaines villes, comme San Francisco, ont déjà interdit l'usage de la reconnaissance faciale par la police, illustrant une volonté de limiter l'expansion de ces technologies intrusives.

Perspectives pour une technologie éthique

L'IA militaire et la surveillance de masse ne sont pas

nécessairement incompatibles avec les valeurs démo-
cratiques, à condition de mettre en place des **mécanismes de contrôle robustes** :

- **Des chartes éthiques contraignantes** pour
  les entreprises développant des technologies
  de surveillance.

- **Une supervision démocratique des systèmes d'IA**, afin que les décisions automatisées restent sous le contrôle des institutions publiques et ne servent pas des intérêts
  privés.

- **Un cadre légal international** garantissant
  que l'usage de l'IA dans la sécurité respecte les
  droits humains fondamentaux.

La question n'est pas seulement de savoir ce que l'IA
permet, mais ce que l'humanité choisit d'en faire. Une
vigilance collective est essentielle pour éviter un futur
où l'automatisation du contrôle remplacerait les principes fondamentaux de liberté et de justice.

6.3 : Intelligence artificielle et transhumanisme

L'intelligence artificielle et le transhumanisme sont
deux domaines qui convergent vers un même objectif :
repousser les limites de l'humanité grâce aux avancées technologiques. Ce sous-chapitre explore les implications de la fusion homme-machine, les relations
entre humains et IA, ainsi que la possibilité d'une
singularité technologique qui redéfinirait notre exist-

ence.

6.3.1 : Fusion Homme-Machine : La Prochaine Révolution ?

L'intégration progressive de l'IA dans le corps humain marque une révolution technologique qui soulève autant d'enthousiasme que de préoccupations.

Intégration de l'IA dans le corps humain

Les interfaces cerveau-machine (ICM) et les implants neuronaux sont en plein essor. Des entreprises comme Neuralink développent des technologies permettant une communication directe entre le cerveau et les machines, ouvrant la voie à des applications médicales, comme la restauration de la mobilité chez les personnes paralysées, mais aussi à l'amélioration cognitive.

D'autres technologies, comme les prothèses bioniques intelligentes, utilisent l'IA pour offrir des mouvements plus naturels et une interaction fluide avec l'environnement. Ces avancées pourraient également permettre des augmentations artificielles des capacités humaines, par exemple en augmentant la mémoire ou en améliorant la vitesse de traitement de l'information.

Avantages et risques de la symbiose technologique

L'intégration de l'IA dans le corps humain présente plusieurs avantages :

- **Santé et réhabilitation** : amélioration des conditions de vie pour les personnes en situation de handicap.
- **Performance accrue** : augmentation des capacités cognitives et physiques.
- **Extension des sens** : perception augmentée (vision nocturne, audition améliorée, capteurs biologiques).

Cependant, ces progrès amènent aussi des risques majeurs :

- **Dépendance technologique** : perte d'autonomie si ces technologies deviennent indispensables à la vie quotidienne.
- **Inégalités sociales** : accès réservé aux élites financières, creusant un fossé entre humains "augmentés" et "naturels".
- **Vulnérabilités de cybersécurité** : risque de piratage des implants neuronaux et autres dispositifs biologiques connectés.

Débats éthiques et sociétaux

La fusion homme-machine pose des questions fondamentales sur l'identité humaine. Jusqu'où peut-on modifier le corps et l'esprit sans perdre ce qui fait notre humanité ? Les experts et philosophes débattent de la nécessité d'un cadre éthique pour éviter des dérives, comme le développement d'une caste de "superhumains" bénéficiant d'améliorations technologiques interdites à d'autres.

6.3.2 : Les Ia Comme Compagnons Ou Rivaux De L'humanité ?

Avec le développement de l'IA avancée, les interactions entre l'homme et la machine évoluent vers une nouvelle forme de coexistence.

Évolution des relations homme-machine

L'IA devient omniprésente dans notre quotidien :

- Assistants virtuels (Alexa, Siri, ChatGPT).
- Robots compagnons pour les personnes âgées ou isolées.
- IA spécialisée dans l'éducation et la thérapie.

Ces avancées transforment notre façon d'interagir avec la technologie, rendant les machines de plus en plus personnalisées et "émotionnellement intelligentes".

Risques de dépendance et d'aliénation

Si les IA apportent des bénéfices évidents, elles risquent aussi d'affaiblir certaines capacités humaines :

- **Diminution de l'autonomie** : une trop grande dépendance à l'IA pour la prise de décision peut altérer notre capacité à réfléchir par nous-mêmes.
- **Isolement social** : certaines personnes pourraient préférer interagir avec des machines plutôt qu'avec des humains, entraînant une dégradation des relations interpersonnelles.
- **Manipulation et contrôle** : les IA peuvent

influencer nos choix, nos opinions et notre
comportement, posant un défi majeur en matière de libre arbitre.

Perspectives de collaboration harmonieuse

Pour éviter un rapport de domination de l'IA sur l'humanité, il est essentiel de concevoir des systèmes re-
spectant l'autonomie et la dignité humaine. L'objectif
est de développer des intelligences artificielles qui vi-
ennent en support aux humains, et non en remplacement. L'enjeu est de bâtir une relation de confiance et
d'équilibre entre l'homme et la machine.

6.3.3 : Vers Une Singularité Technologique ?

La singularité technologique est une hypothèse selon
laquelle l'IA finira par dépasser l'intelligence humaine, modifiant radicalement l'évolution de notre
civilisation.

Concept de singularité

La singularité repose sur l'idée que les machines seront capables d'améliorer leur propre intelligence de
manière exponentielle. À ce stade, les progrès technologiques deviendraient si rapides qu'ils dépasser-
aient la compréhension et le contrôle humain.

Scénarios optimistes et alarmistes

Les avis sur la singularité sont partagés :

- **Vision optimiste** : L'IA pourrait résoudre les
  plus grands défis de l'humanité (maladies,

pauvreté, exploration spatiale) et améliorer nos conditions de vie de manière spectaculaire.

. **Vision pessimiste** : Une IA super-intelligente pourrait devenir impossible à contrôler et se retourner contre ses créateurs, menant à un effondrement civilisationnel ou à une perte de sens pour l'humanité.

Des figures comme Elon Musk et Stephen Hawking ont mis en garde contre les dangers d'une IA hors de contrôle, appelant à des régulations strictes pour éviter un scénario à la "Terminator".

Préparer l'avenir et encadrer l'évolution

Face à ces enjeux, plusieurs pistes sont envisagées :

. **Développement de l'éthique de l'IA** : mise en place de garde-fous pour éviter les dérives.

. **Régulation internationale** : collaboration entre pays pour limiter les risques de développement incontrôlé.

. **Supervision humaine continue** : assurer que l'IA reste sous le contrôle des humains.

L'avenir de la singularité est incertain, mais il est crucial d'anticiper dès aujourd'hui les implications pour éviter un scénario catastrophe et maximiser les bénéfices de cette avancée technologique.

CHAPITRE 7 : PEUT-ON CONTRÔLER L'ÉVOLUTION DE L'IA ?

Ce chapitre s'interroge sur la possibilité et les modalités de contrôle de l'évolution fulgurante de l'intelligence artificielle. Face à une technologie en perpétuelle mutation, il est crucial d'envisager des mécanismes de gouvernance, d'évaluer son impact environnemental et d'impliquer la société civile pour instaurer une régulation participative. Le chapitre se divise en trois sous-chapitres, chacun proposant trois sections qui explorent ces différents axes de contrôle et d'orientation.

7.1 : L'intelligence artificielle et la gouvernance mondiale

L'intelligence artificielle est devenue un enjeu stratégique majeur qui dépasse les frontières nationales. La course au développement de l'IA influence non seulement l'économie et la technologie, mais aussi l'équilibre géopolitique mondial. Ce sous-chapitre explore les dynamiques de puissance dans le domaine de l'IA, la nécessité d'une gouvernance internationale et les défis liés à la mise en place de régulations globales.

7.1.1 : Quels Pays Dominent La Course À

L'ia ?

L'IA est aujourd'hui un enjeu central dans la rivalité entre puissances mondiales. La concentration des investissements, l'attraction des talents et les stratégies nationales façonnent une nouvelle hiérarchie technologique et politique.

Concentration des investissements et des talents

La compétition dans le domaine de l'IA est dominée par quelques grandes puissances qui investissent massivement dans la recherche et le développement.

- **Les États-Unis** : Leader historique, grâce aux géants technologiques (Google, Microsoft, OpenAI) et aux universités d'excellence (MIT, Stanford).

- **La Chine** : Rivale directe, avec des investissements colossaux et des entreprises comme Baidu, Alibaba et Tencent, qui bénéficient d'un soutien étatique massif.

- **L'Union européenne** : Bien qu'en retard, elle tente de se positionner via des cadres réglementaires stricts et des programmes de financement (ex. : IA Act).

- **D'autres acteurs émergents** : Israël, le Royaume-Uni, le Canada et Singapour développent des écosystèmes d'IA innovants, souvent spécialisés dans des niches stratégiques.

Stratégies nationales et compétitivité

Chaque pays adopte une approche spécifique pour développer et réguler l'IA :

- **Les États-Unis** favorisent une approche de marché, où les entreprises privées jouent un rôle clé dans l'innovation.

- **La Chine met en place une stratégie centralisée** avec des investissements étatiques et un contrôle strict des données, facilitant l'entraînement des modèles d'IA.

- **L'Union européenne mise sur l'éthique et la régulation**, avec l'IA Act visant à encadrer les usages et à promouvoir une "IA de confiance".

- **La Russie et l'Inde** investissent également dans l'IA, mais avec des stratégies différentes : la Russie privilégie les applications militaires, tandis que l'Inde développe des solutions adaptées aux défis de développement.

Impacts sur l'équilibre géopolitique

L'IA redéfinit les rapports de force internationaux, avec plusieurs implications majeures :

- **Une course à l'hégémonie technologique** : L'IA est considérée comme un levier stratégique pour le leadership mondial, à l'instar de la conquête spatiale pendant la guerre froide.

- **Une fragmentation des normes et des valeurs** : Les différences dans les cadres réglementaires (modèle libéral des États-Unis, approche autoritaire chinoise, régulation européenne) pourraient créer des "blocs d'IA" incompatibles.

- **Des risques de conflits et de cyberattaques** : L'IA est un atout militaire, mais aussi une arme potentielle (cyberguerre, manipulations électorales, surveillance de masse).

Ces dynamiques posent la question d'une gouvernance mondiale de l'IA pour éviter une fragmentation excessive et limiter les abus.

7.1.2 : Doit-On Créer Une « Onu De L'ia » ?

Face aux défis posés par l'IA, de nombreuses voix s'élèvent pour réclamer un cadre international de gouvernance, à l'image de l'ONU ou de l'OMC.

Nécessité d'une coordination internationale

Les arguments en faveur d'une institution mondiale dédiée à l'IA sont nombreux :

- **Éviter une course aux armements technologiques** : Sans régulation, l'IA pourrait être utilisée pour développer des armes autonomes ou des systèmes de surveillance massive.

- **Créer des normes communes** : Une harmonisation des législations permettrait d'éviter une concurrence déloyale et de favoriser des standards éthiques partagés.

- **Encadrer l'usage des données et de l'IA générative** : L'exploitation massive des données personnelles par les IA nécessite des règles claires pour protéger la vie privée.

Modèles existants et pistes d'inspiration

Plusieurs institutions internationales pourraient servir de modèle pour une gouvernance mondiale de l'IA :

- **L'ONU** (Organisation des Nations Unies) : pourrait jouer un rôle central en établissant un cadre éthique et réglementaire.

- **L'OMC** (Organisation Mondiale du Commerce) : pourrait encadrer l'impact de l'IA sur le commerce international et la concurrence.

- **L'OTAN** (Organisation du Traité de l'Atlantique Nord) : pourrait être impliquée dans la régulation des usages militaires de l'IA.

Une option serait de créer une **Agence Mondiale de l'IA**, sous l'égide des Nations Unies, chargée d'élaborer des normes et de superviser leur application.

Défis et résistances potentielles

La mise en place d'une telle instance rencontre plusieurs obstacles :

- **Les rivalités entre puissances** : Les États-Unis et la Chine accepteraient-ils de soumettre leur développement de l'IA à des règles internationales ?

- **Les différences culturelles et politiques** : La conception de l'IA varie d'un pays à l'autre, rendant difficile un consensus global.

- **Le risque de freiner l'innovation** : Une régulation trop contraignante pourrait ralentir la recherche et donner un avantage aux pays moins régulés.

Malgré ces défis, une gouvernance internationale de l'IA semble inévitable à long terme, ne serait-ce que pour éviter des dérives incontrôlables.

7.1.3 : Les Traités Internationaux Et La Régulation De L'ia

Si une gouvernance mondiale de l'IA est encore balbutiante, plusieurs initiatives visent à encadrer son développement.

Cadres juridiques naissants

Certaines organisations ont déjà commencé à proposer des régulations :

- **L'Union européenne** : L'**IA Act** est l'une des premières tentatives pour encadrer juridiquement l'usage de l'IA, en imposant des restrictions aux systèmes jugés à haut risque.
- **L'UNESCO** : A adopté en 2021 une **recommandation sur l'éthique de l'IA**, un premier pas vers un cadre international.
- **Le G7 et le G20** : ont évoqué la nécessité d'une régulation, sans aboutir pour l'instant à des accords contraignants.

Vers une législation contraignante ?

Pour l'instant, la plupart des règles en matière d'IA sont des recommandations non contraignantes. Mais plusieurs scénarios pourraient voir le jour :

- **Un traité international obligatoire**, à l'image du Traité de non-prolifération nucléaire, encadrant strictement certaines applications de l'IA (armes autonomes, surveillance de masse).

- **Des accords régionaux** entre pays partageant les mêmes valeurs, comme une alliance entre l'UE et les États-Unis pour promouvoir une IA éthique.

- **Une régulation par les entreprises** elles-mêmes, sous la pression de l'opinion publique et des consommateurs.

Mécanismes de contrôle et sanctions

Pour garantir le respect des futures régulations, plusieurs outils pourraient être mis en place :

- **Audits et certifications** pour garantir que les IA respectent des critères éthiques.

- **Sanctions économiques** contre les pays ou entreprises qui ne respecteraient pas les normes établies.

- **Organismes de supervision** chargés de surveiller l'évolution de l'IA et d'évaluer ses impacts.

7.2 : L'IA et le change-

ment climatique

L'intelligence artificielle joue un rôle de plus en plus crucial dans la lutte contre le changement climatique. Son impact est cependant ambivalent : d'un côté, elle offre des outils puissants pour optimiser l'utilisation des ressources naturelles, améliorer la gestion des énergies renouvelables et renforcer les capacités de modélisation climatique. De l'autre, son développement repose sur des infrastructures énergivores, notamment les centres de données et les supercalculateurs nécessaires à l'entraînement des modèles de deep learning. Ce sous-chapitre explore les bénéfices et les défis de l'IA dans la transition écologique, ainsi que ses limites actuelles face aux enjeux environnementaux.

7.2.1 : L'ia Au Service De La Transition Écologique

L'IA est aujourd'hui un atout majeur pour accélérer la transition vers une économie plus durable. Grâce à ses capacités d'analyse et d'optimisation, elle permet une meilleure gestion des ressources naturelles, une prévision plus fine des phénomènes climatiques et le développement de solutions innovantes pour réduire l'empreinte carbone.

Optimisation des ressources et des énergies renouvelables

L'IA contribue à une gestion plus efficace des ressources et des infrastructures énergétiques :

- **Gestion intelligente des réseaux électriques** : Les smart grids utilisent l'IA pour équilibrer en temps réel l'offre et la demande en électricité, réduisant ainsi le gaspillage énergétique. Par exemple, Google DeepMind collabore avec des fournisseurs d'énergie pour prédire la consommation et optimiser la distribution.

- **Optimisation des énergies renouvelables** : Les algorithmes d'IA améliorent la production d'énergie solaire et éolienne en prévoyant les variations météorologiques et en ajustant l'orientation des panneaux solaires ou la vitesse des éoliennes.

- **Maintenance prédictive des infrastructures vertes** : L'IA permet de détecter les défaillances des installations énergétiques avant qu'elles ne surviennent, réduisant ainsi les pertes d'efficacité et prolongeant la durée de vie des équipements.

Modélisation des impacts climatiques

Les modèles d'apprentissage automatique sont aujourd'hui essentiels pour anticiper les effets du changement climatique :

- **Prévision des événements climatiques extrêmes** : L'IA aide à analyser de vastes ensembles de données météorologiques pour prédire des catastrophes naturelles telles que les ouragans, les incendies de forêt et les sécheresses. Ces prévisions permettent aux gouvernements et aux ONG d'anticiper les crises et de mieux organiser les secours.

- **Simulation des scénarios climatiques** : Les algorithmes de machine learning permettent de modéliser l'impact des émissions de gaz à effet de serre sur différentes régions du monde et d'orienter les politiques publiques en conséquence.

- **Suivi de la déforestation et des océans** : Des systèmes d'IA analysent les images satellites pour surveiller la déforestation illégale, la fonte des glaces ou la pollution marine.

Innovation et développement durable

L'IA favorise la transition écologique dans plusieurs secteurs clés :

- **Transport** : Optimisation des itinéraires pour réduire la consommation de carburant, gestion du trafic en temps réel et développement de véhicules autonomes électriques.

- **Agriculture** : L'IA aide à optimiser l'irrigation, à réduire l'usage des pesticides et à surveiller la santé des cultures grâce à des capteurs et des drones intelligents.

- **Industrie** : Réduction des déchets grâce à des processus de fabrication optimisés, amélioration du recyclage et conception de matériaux plus écologiques.

7.2.2 : Peut-Elle Vraiment Réduire Notre Empreinte Carbone ?

Si l'IA offre des solutions pour une gestion plus efficace des ressources, elle pose également des défis environnementaux en raison de sa propre consommation énergétique. L'impact carbone des centres de données et des infrastructures nécessaires au fonctionnement des modèles d'IA est un sujet de préoccupation croissant.

Coût énergétique de l'IA

L'entraînement des modèles d'IA, en particulier ceux basés sur le deep learning, requiert une puissance de calcul colossale. Quelques chiffres illustrent cet enjeu :

- **Un seul modèle d'IA avancé peut consommer autant d'énergie que 125 foyers en un an**. L'entraînement de GPT-3, par exemple, aurait généré plus de 500 tonnes de CO_2.

- **Les centres de données représentent aujourd'hui 1 à 2 % de la consommation énergétique mondiale**, un chiffre en constante augmentation avec l'essor du cloud computing et de l'IA.

- **Les infrastructures nécessaires à l'IA (puces, serveurs, refroidissement des data centers)** demandent des matériaux rares et une consommation d'eau importante pour le refroidissement.

Optimisation des algorithmes et infrastructures vertes

Face à ce constat, plusieurs solutions émergent pour limiter l'impact environnemental de l'IA :

- **Optimisation des algorithmes** : Les chercheurs développent des modèles plus légers et moins gourmands en énergie, comme l'apprentissage fédéré, qui réduit les besoins en transfert de données.
- **Utilisation d'énergies renouvelables** : De plus en plus de centres de données fonctionnent avec des énergies vertes. Google et Microsoft s'engagent par exemple à rendre leurs infrastructures 100 % neutres en carbone.
- **Architectures matérielles plus économes** : Le développement de puces spécialisées (TPU, FPGA) permet d'améliorer l'efficacité énergétique des systèmes d'IA.

Bilan global et compromis

L'IA présente un paradoxe : si elle permet de réduire les émissions de CO_2 dans certains secteurs, elle contribue aussi à l'augmentation de la consommation énergétique globale. Le défi consiste à trouver un équilibre entre innovation et durabilité en développant des IA moins énergivores et en favorisant les bonnes pratiques au sein des entreprises technologiques.

7.2.3 : Les Limites De L'ia Face Aux Défis

Climatiques

Malgré ses avancées, l'IA ne peut pas tout résoudre. Son déploiement massif rencontre plusieurs obstacles techniques, environnementaux et économiques.

Contraintes techniques et matérielles

Les performances de l'IA sont limitées par des facteurs matériels :

- **Besoin en puissance de calcul** : L'entraînement des modèles IA les plus performants demande des infrastructures informatiques coûteuses et difficiles à généraliser.
- **Rareté des matériaux** : Les composants électroniques utilisés pour fabriquer les puces IA nécessitent des terres rares, dont l'extraction pose des problèmes environnementaux et géopolitiques.
- **Dépendance aux géants technologiques** : La concentration du pouvoir dans les mains de quelques grandes entreprises limite la démocratisation des technologies d'IA durable.

Impact environnemental indirect

L'essor de l'IA engendre aussi des effets négatifs moins visibles :

- **Production de déchets électroniques** : Le renouvellement rapide des serveurs et des équipements entraîne une accumulation de déchets difficiles à recycler.
- **Obsolescence programmée** : Certains sys-

tèmes IA exigent des mises à jour fréquentes, obligeant les entreprises à investir constamment dans de nouvelles infrastructures.

- **Externalités sociales** : L'impact de l'IA sur l'emploi et les inégalités numériques doit également être pris en compte dans une approche globale du développement durable.

Perspectives et alternatives durables

Pour rendre l'IA plus respectueuse de l'environnement, plusieurs pistes sont envisagées :

- **Encourager la recherche sur l'IA frugale** : Développer des modèles nécessitant moins de données et d'énergie.

- **Favoriser les politiques incitatives** : Mettre en place des réglementations pour imposer des standards environnementaux aux entreprises technologiques.

- **Développer des infrastructures locales et décentralisées** : Pour réduire la dépendance aux grands centres de données.

7.3 : L'engagement citoyen et la régulation participative

L'évolution rapide de l'intelligence artificielle (IA) soulève des questions fondamentales sur la gouvernance et la régulation de ces technologies. Si les gouvernements et les entreprises jouent un rôle central dans l'élaboration des cadres réglementaires, la société civile doit également s'impliquer activement pour assurer une utilisation éthique et transparente de l'IA. Ce sous-chapitre explore comment une gouvernance participative peut encadrer l'IA et garantir que son développement serve les intérêts de tous.

7.3.1 : La Transparence Des Algorithmes Et La Communication Des Décisions Automatisées

Lutter contre la « boîte noire »

L'un des défis majeurs de l'IA est son manque de transparence. Les systèmes d'apprentissage automatique, notamment les modèles de deep learning, prennent des décisions complexes sur la base de milliards de paramètres, rendant leurs processus décisionnels opaques. Ce phénomène, souvent appelé *effet boîte noire*, pose un problème de responsabilité et de confiance. Pour éviter que l'IA ne soit perçue comme une entité autonome incontrôlable, il est essentiel de développer des outils permettant d'expliquer et de justifier ses décisions.

Des initiatives telles que **l'Explainable AI (XAI)** visent à rendre les modèles d'IA plus compréhensibles pour les humains. Certaines approches incluent :

- L'utilisation de *cartes de chaleur* (heatmaps) pour illustrer les zones d'une image qui influencent une décision.
- La création de modèles plus simples qui

imitent les décisions des systèmes complexes tout en restant interprétables.

- L'intégration de mécanismes d'explication intégrés aux logiciels d'IA.

Normes de divulgation et audits indépendants

Face aux risques de biais, de discrimination et d'opacité des algorithmes, certaines réglementations commencent à imposer des normes de transparence. L'Union européenne, par exemple, avec son **règlement sur l'IA**, exige des audits pour les systèmes à haut risque.

Pour renforcer la transparence, plusieurs solutions peuvent être mises en place :

- **Obligation de documentation** : Les entreprises utilisant des systèmes d'IA doivent expliquer leurs principes de fonctionnement et les critères de leurs décisions.

- **Audits externes et indépendants** : Des organismes tiers pourraient être mandatés pour évaluer l'équité et la fiabilité des algorithmes.

- **Normes de divulgation des biais** : Exiger des entreprises qu'elles publient des rapports détaillant les biais détectés dans leurs algorithmes et les mesures correctives mises en place.

Rôle des médias et de l'éducation

Une régulation efficace passe aussi par la sensibilisation du grand public. Trop souvent, l'IA est perçue soit comme une menace existentielle, soit comme une technologie magique sans limites.

Les médias et les systèmes éducatifs ont un rôle clé à jouer pour informer sur les enjeux réels de l'IA :

- Les médias peuvent promouvoir des **analyses critiques** et expliquer les implications des décisions automatisées.
- Les écoles et universités doivent inclure des modules sur l'IA et l'éthique technologique dans leurs programmes.
- Des initiatives citoyennes, comme des plateformes éducatives ou des associations spécialisées, peuvent aider à diffuser des connaissances accessibles à tous.

7.3.2 : L'implication De La Société Civile Et Des Experts

Dialogue multipartite

Pour garantir une régulation équilibrée, il est nécessaire de mettre en place des espaces de discussion entre tous les acteurs concernés. Ce dialogue inclut :

- Les gouvernements, chargés d'élaborer les cadres réglementaires.
- Les entreprises technologiques, qui développent et implémentent l'IA.
- La société civile, représentée par des ONG, des associations et des citoyens.
- Des experts en éthique, en droit et en tech-

nologie, capables d'éclairer les décisions politiques et industrielles.

Certaines organisations internationales, comme l'UNESCO, ont déjà mis en place des **forums de consultation** sur l'IA éthique. Cependant, ces initiatives restent encore insuffisamment connectées aux citoyens.

Comités éthiques et juridiques

Plusieurs pays et entreprises commencent à créer des **comités consultatifs indépendants** pour surveiller l'usage des technologies de l'IA. Ces comités :

- Évaluent l'impact des nouvelles technologies sur la société.
- Formulent des recommandations sur les bonnes pratiques et les cadres législatifs.
- Alertent en cas de dérives éthiques ou d'abus potentiels.

Par exemple, Google avait mis en place un comité d'éthique de l'IA en 2019, mais celui-ci a été dissous après des controverses sur la sélection de ses membres. Cela illustre l'importance de garantir l'indépendance et la diversité des comités de surveillance.

Exemples de régulation participative

Certaines initiatives montrent que la régulation participative est possible :

- **La plateforme Decidim** en Espagne permet aux citoyens de proposer des lois et de voter sur des régulations technologiques.
- **L'expérimentation du Citizen's Jury au**

Royaume-Uni, où des groupes de citoyens évaluent l'impact social des technologies avant leur adoption.

. **L'AI Now Institute**, un groupe de recherche basé aux États-Unis, qui milite pour une gouvernance transparente et équitable de l'IA.

7.3.3 : Les Initiatives De Régulation Participative Et Les Modèles De Gouvernance Décentralisée

Régulation par les "sandboxes" et tests en conditions réelles

Les *regulatory sandboxes* sont des environnements contrôlés où les entreprises peuvent tester de nouvelles technologies sous la supervision des autorités. Ces expérimentations permettent d'évaluer les risques avant un déploiement à grande échelle.

Des pays comme Singapour et le Royaume-Uni utilisent déjà ces approches pour :

. Tester des **systèmes d'IA bancaire** avant leur introduction sur le marché.

. Expérimenter **des véhicules autonomes** dans des espaces régulés.

. Évaluer des outils de **diagnostic médical assistés par l'IA** avant leur généralisation.

Gouvernance décentralisée et blockchain

Une autre piste pour une régulation plus transparente est l'utilisation des **technologies décentralisées**, comme la blockchain. En appliquant la blockchain à la gouvernance de l'IA, il devient possible de :

- Assurer une **traçabilité des décisions automatisées**.
- Garantir que les **modifications des algorithmes soient documentées publiquement**.
- Développer des **systèmes d'audit ouverts et accessibles aux citoyens**.

Vers un modèle de contrôle citoyen permanent

Enfin, l'avenir de la régulation pourrait reposer sur un **contrôle citoyen continu** via des outils numériques collaboratifs. Ces plateformes pourraient permettre aux citoyens de :

- Suivre en temps réel l'évolution des technologies d'IA.
- Signaler des abus ou des biais dans des systèmes automatisés.
- Proposer des améliorations et influencer la réglementation.

Des projets comme **OpenAI GPT-4 Feedback Program** montrent que les citoyens peuvent contribuer activement à affiner et corriger les comportements des intelligences artificielles.

CHAPITRE 8 : L'IA ET L'AVENIR DE L'HUMANITÉ – UTOPIE OU DYSTOPIE ?

Alors que l'intelligence artificielle continue de se perfectionner et de s'intégrer dans tous les aspects de la vie quotidienne, ce chapitre s'intéresse aux transformations profondes qu'elle pourrait engendrer sur la société et sur notre propre humanité. L'objectif est d'examiner, à travers différents prismes, les scénarios futurs envisageables : d'un côté, l'IA pourrait devenir un puissant levier de progrès et de bien-être collectif, et de l'autre, elle pourrait accentuer des dérives menaçant nos libertés et notre identité. Ce chapitre se décline en trois sous-chapitres, chacun proposant trois sections permettant d'analyser ces enjeux sous différents angles.

8.1 : Les transformations sociétales induites par l'IA

L'intelligence artificielle (IA) est en train de bouleverser les fondements de notre société en modifiant la structure du travail, les systèmes éducatifs et même la façon dont nous interagissons les uns avec les autres. Ces transformations redéfinissent progressivement nos repères et nécessitent une adaptation continue des individus, des institutions et des politiques publiques.

8.1.1 : Impact Sur L'emploi Et La Structure Sociale

Révolution dans l'organisation du travail

L'essor de l'IA et de l'automatisation transforme profondément le monde du travail. De nombreuses tâches répétitives ou analytiques sont désormais prises en charge par des algorithmes et des robots, entraînant une redéfinition des rôles humains.

- **Disparition et émergence de métiers** : Alors que certains emplois à faible valeur ajoutée sont menacés par l'automatisation (caissiers, opérateurs de saisie, chauffeurs, etc.), de nouvelles professions émergent dans les domaines de l'IA, de la robotique, de l'analyse de données et de l'éthique technologique.

- **Compétences hybrides** : L'ère de l'IA impose une évolution des compétences : les travailleurs devront maîtriser des outils technologiques avancés tout en développant des soft skills (créativité, intelligence émotionnelle, résolution de problèmes).

- **Flexibilité et télétravail** : Grâce aux plateformes numériques, le travail devient plus flexible, avec une montée en puissance des travailleurs indépendants et du freelancing dans l'économie numérique.

Reconfiguration des inégalités

L'intelligence artificielle peut accentuer les écarts sociaux et économiques si son développement n'est pas encadré.

- **Fossé technologique** : Ceux qui maîtrisent les outils de l'IA auront accès à des opportunités de carrière plus nombreuses et mieux rémunérées, creusant l'écart avec les travailleurs peu qualifiés.

- **Disparités géographiques** : Les pays et les régions qui investissent massivement dans l'IA pourraient renforcer leur domination économique, tandis que d'autres risquent de rester en marge de cette révolution.

- **Politiques d'adaptation** : Pour éviter une fracture sociale, des initiatives doivent être mises en place, notamment à travers des formations en reconversion, des revenus de base universels et des régulations pour protéger les travailleurs.

Nouveaux modèles de collaboration

L'IA favorise l'apparition de nouvelles formes de travail collaboratif, où les individus interagissent différemment au sein des organisations.

- **Intelligence augmentée** : Loin de remplacer totalement les humains, l'IA permet de compléter leurs compétences en automatisant certaines tâches et en aidant à la prise de décision.

- **Hiérarchies plates et décentralisation** : Grâce aux outils d'IA, certaines entreprises adoptent des structures plus horizontales, favorisant l'autonomie et l'auto-organisation des employés.
- **Collaboration homme-machine** : Des modèles hybrides émergent, où les humains travaillent en symbiose avec les machines, notamment dans les secteurs de la médecine, de la finance et de la recherche.

8.1.2 : Révolution Dans L'éducation Et La Culture

Personnalisation des parcours éducatifs

L'intelligence artificielle pourrait transformer radicalement l'éducation en permettant une approche plus individualisée de l'apprentissage.

- **Systèmes d'apprentissage adaptatifs** : Des plateformes éducatives comme Coursera, Duolingo ou Khan Academy utilisent déjà l'IA pour proposer des parcours sur mesure, ajustant le contenu en fonction du niveau et du rythme de chaque élève.
- **Réduction des inégalités scolaires** : L'IA pourrait aider à combler les écarts entre les élèves en fournissant un accompagnement personnalisé aux apprenants en difficulté.
- **Rôle du professeur augmenté** : Les enseig-

nants pourraient se concentrer davantage sur la pédagogie et l'accompagnement des élèves, laissant à l'IA le soin de gérer certaines évaluations et tâches administratives.

Évolution des pratiques culturelles

L'IA transforme la manière dont nous créons, consommons et diffusons la culture.

- **Création assistée par l'IA** : Des outils comme DALL-E, ChatGPT ou Amper Music permettent de générer des œuvres d'art, des musiques et des textes littéraires en quelques secondes, posant des questions sur l'originalité et la créativité humaine.

- **Recommandations culturelles** : Les algorithmes façonnent nos goûts en nous suggérant du contenu personnalisé (Netflix, Spotify, TikTok), ce qui peut favoriser la découverte, mais aussi enfermer les utilisateurs dans des bulles de filtres.

- **Éthique et droits d'auteur** : L'utilisation de l'IA dans la création artistique soulève des questions sur la propriété intellectuelle : qui détient les droits d'une œuvre générée par un algorithme ?

Défi de la transmission des savoirs

Alors que l'IA modifie notre accès à l'information, il devient essentiel de préserver l'esprit critique.

- **Risques de désinformation** : La prolifération de fake news générées par l'IA rend indispensable le développement de compétences en vérification de l'information.

- **Apprentissage de la pensée critique** : L'éducation devra intégrer des modules sur la compréhension des biais algorithmiques et la gestion de l'information pour préparer les citoyens à une société numérisée.

- **Évolution du rôle des bibliothèques et des universités** : Ces institutions devront se réinventer pour intégrer des outils d'IA tout en garantissant un accès libre et diversifié aux connaissances.

8.1.3 : Redéfinition Des Rapports Humains Et Des Identités

L'IA et l'évolution de la communication

L'intelligence artificielle transforme notre façon d'interagir, aussi bien dans le cadre personnel que professionnel.

- **Assistants virtuels et robots conversationnels** : Les chatbots et assistants comme Siri ou Alexa deviennent des interlocuteurs quotidiens, influençant nos habitudes de communication.

- **Automatisation des échanges** : Dans le service client, le recrutement ou même les relations amoureuses (algorithmes de matchmaking), l'IA joue un rôle croissant dans l'intermédiation des interactions humaines.

- **Risques d'isolement** : Une dépendance excessive aux outils numériques pourrait réduire les interactions humaines authentiques et renforcer la solitude.

Transformation de l'identité personnelle

À l'ère de l'IA, la perception de soi évolue en raison des interactions constantes avec des systèmes intelligents.

- **Personnalisation excessive** : Les algorithmes anticipent nos préférences et comportements, influençant nos choix et limitant parfois notre libre arbitre.

- **Identité numérique et avatars** : Avec la montée du métavers et des technologies immersives, les individus peuvent construire des identités numériques distinctes de leur réalité physique.

- **Éthique des données personnelles** : La question de la protection des informations personnelles devient centrale alors que nos données sont collectées en permanence.

Nouvelles formes de solidarité et d'appartenance

L'IA favorise l'émergence de nouveaux réseaux sociaux et de nouvelles formes de coopération.

- **Communautés en ligne et entraide numérique** : Des plateformes comme Reddit, Discord ou les forums spécialisés permettent à des groupes de partager leurs connaissances et de s'entraider.

- **Initiatives citoyennes basées sur l'IA** : Des ONG et des mouvements sociaux utilisent l'IA pour analyser des tendances, prévoir des crises ou mobiliser des ressources (climat, droits humains, lutte contre la pauvreté).
- **Redéfinition des liens sociaux** : Si l'IA transforme les dynamiques sociales, elle offre également des opportunités de créer de nouvelles solidarités basées sur l'intelligence collective.

8.2 : Les scénarios prospectifs – Entre utopie et dystopie

Ce sous-chapitre examine les différents scénarios envisageables quant à l'impact de l'IA sur notre avenir. Il confronte les visions optimistes à celles qui mettent en garde contre des dérives potentielles, tout en soulignant l'importance du rôle humain dans l'orientation de ces trajectoires.

8.2.1 : Scénarios Optimistes – L'ia Au Service Du Bien Commun

Dans une vision optimiste, l'intelligence artificielle pourrait devenir un outil puissant au service du progrès, de l'égalité et de l'épanouissement humain.

Un catalyseur pour le progrès social

L'IA pourrait révolutionner la résolution des grands défis mondiaux. Par exemple, des algorithmes avancés pourraient optimiser la gestion des ressources alimentaires, limitant ainsi la faim et le gaspillage. De même, dans le domaine médical, l'IA pourrait accélérer le développement de traitements personnalisés contre des maladies complexes comme le cancer ou les maladies neurodégénératives.

En matière environnementale, l'IA permettrait d'optimiser les réseaux électriques, de développer des énergies renouvelables plus performantes et d'améliorer la gestion des déchets. Une planète plus durable et une meilleure gestion des ressources naturelles deviendraient alors possibles.

Amélioration de la qualité de vie

Grâce à l'automatisation des tâches répétitives et contraignantes, les individus pourraient consacrer plus de temps aux activités à forte valeur ajoutée, qu'il s'agisse de la créativité, de l'éducation ou du bien-être personnel.

L'IA pourrait aussi révolutionner la médecine préventive. Grâce aux capteurs biométriques et aux analyses prédictives, il serait possible d'anticiper des maladies avant même l'apparition des symptômes. Chaque individu bénéficierait d'un suivi médical personnalisé, réduisant ainsi les coûts de santé publique et augmentant l'espérance de vie.

Dans l'éducation, des tuteurs intelligents pourraient

s'adapter aux besoins spécifiques de chaque élève, comblant les lacunes en temps réel et garantissant une éducation plus équitable.

Renforcement de la démocratie participative

L'IA pourrait transformer la gouvernance et la prise de décision publique. Des algorithmes pourraient analyser les attentes citoyennes, identifier les enjeux prioritaires et proposer des solutions adaptées basées sur des données objectives.

Les consultations citoyennes en ligne, facilitées par l'IA, pourraient renforcer la participation démocratique en rendant le processus de décision plus inclusif et transparent. Des outils de détection de la désinformation permettraient également de limiter l'impact des fake news et de garantir un débat public plus sain.

8.2.2 : Scénarios Pessimistes – Surveillance, Contrôle Et Perte De Libertés

Si l'IA est utilisée sans cadre éthique strict, elle pourrait conduire à une société marquée par le contrôle, la manipulation et une perte de libre arbitre.

Émergence d'un État de surveillance

Des gouvernements ou des entreprises pourraient exploiter l'IA pour surveiller en permanence les citoyens. Les systèmes de reconnaissance faciale, déjà présents dans certains pays, pourraient devenir omniprésents, limitant la liberté de mouvement et la vie privée.

Un tel scénario pourrait mener à des sociétés où les comportements sont continuellement analysés et notés, influençant l'accès aux services publics ou aux opportunités professionnelles.

Risques de manipulation et de désinformation

Les algorithmes de personnalisation des contenus sur les réseaux sociaux pourraient amplifier la polarisation des opinions en enfermant chaque individu dans une bulle d'informations biaisées.

Les deepfakes et l'IA générative pourraient être utilisés pour créer de fausses vidéos, documents ou discours politiques, rendant extrêmement difficile la distinction entre le vrai et le faux. Cela affaiblirait la confiance dans les institutions et pourrait être exploité à des fins malveillantes.

Déshumanisation et dépendance technologique

À mesure que l'IA prend en charge de plus en plus d'aspects de la vie quotidienne, il existe un risque que les individus deviennent trop dépendants de ces technologies, au point de perdre certaines compétences essentielles, comme la pensée critique ou la résolution de problèmes complexes.

Dans le monde du travail, la substitution massive de l'humain par des machines pourrait entraîner un chômage structurel et une précarisation croissante. Les travailleurs non qualifiés risqueraient d'être laissés pour compte, accentuant ainsi les inégalités économiques et sociales.

8.2.3 : Les Zones Grises Et Le Rôle De L'action Humaine

L'avenir de l'IA n'est ni totalement utopique ni totalement dystopique. Il dépendra des choix politiques, économiques et éthiques faits par les générations actuelles et futures.

Coexistence des extrêmes

Il est probable que la réalité future soit un mélange de ces scénarios optimistes et pessimistes. Certaines avancées technologiques bénéficieront à l'ensemble de la société, tandis que d'autres seront sources de tensions et d'inégalités.

Par exemple, si l'IA permet d'améliorer les soins de santé, son accès pourrait rester limité à une élite, aggravant les disparités entre les différentes classes sociales et pays.

L'importance de la gouvernance éthique

Les entreprises et gouvernements ont un rôle crucial à jouer dans la régulation de l'IA. Des cadres juridiques et des institutions dédiées à l'éthique de l'IA doivent être mis en place pour garantir une utilisation responsable des technologies intelligentes.

L'élaboration de normes éthiques claires et la mise en place de garde-fous pour éviter les abus sont essentielles. La transparence des algorithmes et la possibilité de les auditer doivent devenir des principes fondamentaux.

Rôle proactif de l'humain

Il est impératif que l'humanité reste maître de la trajectoire de l'IA. Plutôt que de subir ces changements, les individus doivent s'engager activement dans le débat public sur l'avenir technologique.

L'éducation jouera un rôle clé pour préparer les générations futures à comprendre et maîtriser l'IA, plutôt que d'en être de simples consommateurs passifs. Un esprit critique développé permettra de mieux naviguer dans un monde où les décisions sont de plus en plus influencées par des systèmes automatisés.

8.3 : L'humanité face à l'IA – Enjeux de coexistence et de transformation

Ce dernier sous-chapitre explore comment l'humanité peut non seulement s'adapter aux bouleversements induits par l'IA, mais aussi les utiliser pour se réinventer. Plus qu'une simple adaptation, il s'agit de repenser notre rapport à la technologie et la manière dont nous interagissons avec les machines. Cette transformation implique des choix collectifs et individuels cruciaux pour garantir une coexistence équilibrée et bénéfique entre l'homme et l'IA.

8.3.1 : L'ia Comme Partenaire De L'évolution Humaine

L'IA n'est pas simplement un outil d'automatisation ou d'optimisation des processus ; elle peut devenir un véritable partenaire de l'évolution humaine. En fusionnant avec nos capacités naturelles, elle peut nous permettre de dépasser nos limites et de réinventer notre manière de vivre, d'apprendre et de travailler.

Vers une symbiose homme-machine

L'un des scénarios les plus prometteurs est celui où l'IA ne remplace pas l'homme, mais l'accompagne en améliorant ses performances. En automatisant certaines tâches répétitives, elle libère du temps pour la créativité, la réflexion et les interactions sociales. Les humains pourraient ainsi se concentrer sur les aspects les plus complexes et enrichissants de leur activité, que ce soit dans la science, l'art ou la gestion des relations humaines.

Développement des interfaces cerveau-machine

Les progrès en neurosciences et en intelligence artificielle ouvrent la voie à une interaction directe entre l'esprit humain et la machine. Des entreprises comme Neuralink travaillent déjà sur des interfaces cerveau-machine permettant aux personnes de contrôler des dispositifs numériques par la pensée. À terme, ces technologies pourraient révolutionner la communication, la médecine et même la cognition humaine en offrant des capacités augmentées.

Valorisation de la créativité et de l'empathie

Dans un monde où les machines exécutent les tâches logiques et analytiques avec une efficacité accrue, les compétences purement humaines telles que la créativité, l'intuition et l'empathie deviennent plus précieuses que jamais. L'IA pourrait aider à développer ces qualités en devenant un assistant intelligent capable de stimuler notre imagination et d'améliorer nos interactions sociales.

8.3.2 : Enjeux De Régulation Et D'auto-Contrôle Technologique

L'intégration croissante de l'IA dans notre quotidien pose des défis majeurs en matière de régulation et de contrôle. Sans des garde-fous efficaces, les risques d'abus et de dérives sont considérables. La régulation de l'IA doit être pensée comme un processus évolutif, impliquant la coopération entre gouvernements, entreprises et citoyens.

Mécanismes de contrôle interne

Les entreprises développant des systèmes d'IA doivent intégrer des protocoles d'auto-surveillance pour détecter et corriger les biais algorithmiques et éviter toute utilisation malveillante. Des comités d'éthique indépendants pourraient jouer un rôle clé en veillant à ce que ces technologies respectent des principes fondamentaux comme l'équité, la transparence et la non-discrimination.

Coopération internationale et régulation collective

Le développement de l'IA dépasse les frontières nationales, ce qui impose la mise en place d'accords internationaux pour éviter une course aux armements technologiques. Des organisations telles que l'ONU et l'Union européenne travaillent déjà sur des cadres de régulation, mais une coopération globale plus poussée est nécessaire pour établir des normes éthiques universelles.

Responsabilisation des acteurs technologiques

Les entreprises qui développent l'IA ont une responsabilité sociale et éthique. Elles doivent anticiper les effets de leurs innovations et mettre en place des mécanismes de contrôle rigoureux. Cela passe par des engagements clairs en matière d'éthique technologique, mais aussi par une transparence accrue dans la conception et le fonctionnement des algorithmes.

8.3.3 : Le Rôle Des Valeurs Et De L'éthique Dans La Construction Du Futur

L'impact de l'IA sur l'humanité ne dépendra pas seulement des avancées technologiques, mais aussi des valeurs qui guideront son développement et son intégration dans la société.

Redéfinir les priorités sociétales

Le progrès technologique ne doit pas être une fin en soi, mais un moyen d'améliorer la qualité de vie. Il est donc essentiel de repenser nos priorités en mettant en avant le bien-être humain, l'équité et le respect des droits fondamentaux. L'IA peut être un outil puissant pour atteindre ces objectifs, à condition qu'elle soit développée dans une logique éthique et responsable.

Éducation et sensibilisation

L'un des plus grands défis est de former les citoyens aux enjeux de l'IA. L'éducation doit inclure une dimension éthique et philosophique pour permettre aux individus de comprendre les implications de ces technologies et de participer activement aux décisions qui façonnent leur avenir. Des cours sur l'IA, la cyber sécurité et l'éthique numérique pourraient être intégrés aux programmes scolaires dès le plus jeune âge.

Un futur construit collectivement

L'avenir de l'IA ne doit pas être dicté par une poignée d'acteurs technologiques ou de gouvernements. Il doit être le fruit d'une concertation entre scientifiques, philosophes, entrepreneurs, responsables politiques et citoyens. Seule une approche collective permettra de garantir un développement technologique qui respecte l'humain et favorise le bien commun.

CONCLUSION : L'IA, UNE RÉVOLUTION À SAISIR DÈS MAINTENANT

L'intelligence artificielle n'est plus un concept futuriste réservé aux laboratoires de recherche ou aux films de science-fiction. Elle est déjà là, intégrée dans notre quotidien, transformant nos vies, nos emplois et nos entreprises à une vitesse fulgurante.

Tout au long de ce livre, nous avons exploré les multiples facettes de l'IA, ses applications dans des domaines aussi variés que la santé, la finance, le marketing, l'entrepreneuriat et la productivité personnelle. Nous avons vu comment les grandes entreprises et les startups utilisent l'IA pour innover, et comment elle redéfinit les règles du jeu dans tous les secteurs.

Mais la véritable question est maintenant entre vos mains : comment allez-vous utiliser cette révolution ?

L'IA peut être une menace pour ceux qui refusent de s'adapter, mais elle est une opportunité immense pour ceux qui apprennent à la maîtriser. Les leaders de demain seront ceux qui sauront travailler avec l'IA, l'exploiter intelligemment et l'intégrer dans leur quotidien.

Trois actions concrètes pour tirer parti de l'IA dès aujourd'hui :

1. Expérimentez les outils d'IA : Testez des plate-formes comme ChatGPT, Midjourney, Notion AI ou d'autres solutions adaptées à votre domaine.

2. Développez vos compétences : Formez-vous en intelligence artificielle, en automatisation et en analyse de données pour rester compétitif.

3. Adoptez un état d'esprit proactif : L'IA ne remplacera pas ceux qui savent s'en servir, elle les rendra plus puissants. Adaptez-vous, innovez et utilisez-la pour améliorer votre vie et votre travail.

Nous sommes à un tournant historique, une révolution aussi importante que l'arrivée d'Internet. Ceux qui sauront embrasser cette transformation auront une longueur d'avance sur les autres. Ne soyez pas spectateur, soyez acteur du changement !